Manfred Dreytza/Traugott Hopp

# Geschichte als Brücke?

Neue Zugänge zum Alten Testament

BRUNNEN

VERLAG GIESSEN·BASEL

„EDITION ICHTHYS" BAND 4 –
IN DER REIHE TVG-ORIENTIERUNG

Die Herausgeber der Schriftenreihe „Edition Ichthys":

*Bodelschwingh-Studienstiftung*
Schwanallee 53, 35037 Marburg
http://www.bsh-marburg.de
http://www.agorax.de

Bodelschwingh-Studienhaus in Marburg
Studienbegleitung für Theologiestudierende
Seelsorgerliche Begleitung
Theologische Zeitschrift „Ichthys"
Studienfreizeiten, Seminare, Studientage

*Krelinger Studienzentrum*
Geistliches Rüstzentrum Krelingen, 29664 Walsrode
http://www.krelinger-studienzentrum.de

Theologisches Vorstudienjahr
Sprachkurse zum Graecum und Hebraicum
Theologisches Grundstudienjahr mit Bibelkunde
Religionspädagogisches Vorstudienjahr

# Inhalt

Vorwort 5

*Manfred Dreytza*
**Geschichte als Brücke?**
**Neue Zugänge zum Alten Testament** 7

1. Was meinen wir, wenn wir „Geschichte" sagen? 7
2. Ereignis und Deutung, oder: der Mythos vom „Faktum" 11
3. Wort, Geist und Geschichte 15
4. Ist die Bibel geschichtlich bedingt? 18
5. Ist die Geschichte die Brücke? 21
6. Alttestamentliche Exegese „vor der Zugbrücke" 27

*Traugott Hopp*
**Geschichte als Brücke?**
**Theologiegeschichtliche und hermeneutische Anmerkungen** 29

1. Kommt der Geschichte eine Brückenfunktion
   zum Verstehen des AT zu? 30
1.1 Die Zusammenschau von Text und Ereignis
   (bis ins 18. Jh. hinein) 31
1.2 Das Ereignis – eine eigenständige historische Größe
   (18.–19. Jahrhundert) 33
1.3 Auf dem Weg vom Ereignis zum Text 35
1.4 Der Kanon als Sitz der Theologie 36
1.5 Eine provokante These als Zwischenfazit 37

2. Text und Ereignis: Wo findet sich die Offenbarung? 38
2.1 Vom Ereignis zum Text – der Weg 38
2.2 Das Verhältnis von Text und Ereignis – die Reflexion 41
2.3 Vom Text zur Exegese oder: den Text verstehen 44

Einführung     9

1.     Klarheit der Heiligen Schrift oder neuzeitliche Subjektivität     10

2.     Was klar ist: die Heilige Schrift     12
2.1    Alles klar! – Das Schriftprinzip     12
2.1.1   Die Schrift allein (sola scriptura)     12
2.1.2   Die Schrift legt sich selbst aus
       (sacra scriptura sui ipsius interpres)     13
2.1.3   Die Schrift als Grundaxiom (primum principium)     14
2.2    Luthers Zugang zur Heiligen Schrift     17
2.2.1   Die Selbstauslegung der Heiligen Schrift als ihre
       Offenbarungstätigkeit     17
2.2.2   Die Inspiration der ganzen Heiligen Schrift     18
2.2.3   Kanonkritik und Schriftkritik     21
2.2.4   Philologische und historische Fragen     23
2.3    Alles klar? – Doppelt Klar!     27
2.3.1   Die äußere Klarheit der Schrift (claritas externa): Die Worte     28
2.3.2   Die innere Klarheit der Schrift (claritas interna): „Die Sache"     30
2.3.3   Die Verhältnisbestimmung von äußerer und innerer Klarheit
       als Frage nach einer zweistufigen Exegese     38

3.     Der Weg der Schriftauslegung als ergriffenes Begreifen     48
3.1    Oratio (Gebet)     48
3.2    Meditatio (Schriftbetrachtung)     50
3.3    Tentatio (Anfechtung)     54

# Vorwort

Ohne ein historisches Verstehen scheint es bei der Exegese der Bibel nicht zu gehen. Aber was meinen wir, wenn wir „historisch" sagen?

Dass Gott sich in der Geschichte Israels und schließlich in der Lebensgeschichte Jesu zu erkennen gegeben hat, dass er in dieser Geschichte – und nur in ihr – seine Wahrheit gezeigt hat, verleiht den Gottesaussagen der Bibel eine unerhörte Gewissheit. Denn nichts kann gewisser sein als Ereignisse, die sich unleugbar und unwiderlegbar in der Geschichte zugetragen haben und uns zuverlässig bezeugt sind. Jesus ist tatsächlich auferstanden. Die Frauen am leeren Grab (Mt 28,1–10 par.), Petrus (1Kor 15,5), die Zwölf (ebd.), die Fünfhundert (1Kor 15,6) und zuletzt der leidenschaftliche Gegner Saulus (1Kor 15,8) haben ihn gesehen und bezeugen uns Jesu Auferweckung. Daran hat der Glaube ein festes Fundament. Keine Geschichten ohne wirkliche Geschichte.

Doch zum andern liegt darin auch ein unerhörter Anstoß, den besonders die Aufklärung stark empfunden hat. Es sind eben nur ungelehrte Jünger, die hier als Zeugen auftreten, und sie bringen uns keine „allgemeinen Vernunftwahrheiten", sondern – wie Lessing kritisierte – nur „zufällige Geschichtswahrheiten". Das Geschichtliche gilt in diesem Zusammenhang als zufällig, menschlich und unsicher. In diesen Bahnen wollten der Positivismus des 19. Jahrhunderts und die historische Kritik herausfinden, „wie es wirklich gewesen ist". Das Ereignis selbst und der Bericht, die deutende Kunde werden dabei geschieden.

Manfred Dreytza und Traugott Hopp schlagen Schneisen zur Orientierung in das Dickicht der Fragestellungen. Beide wagen es, Zusammenhänge aufzuzeigen, die heute nicht der allgemeinen Sicht der Dinge entsprechen. Um das Ergebnis vorwegzunehmen: Sie bezweifeln, dass Geschichte die Brücke zum Verstehen der Bibel sei. Biblische Hermeneutik müsse vielmehr der inneren Einheit und Zuordnung von Wort, Geist und Geschichte entsprechen.

Beide Beiträge sind aus Vorträgen bei der „Marburger Tagung für Theologiestudierende" im November 1998 erwachsen. Jährlich treffen sich auf Einladung des AgO (Arbeitskreis geistliche Orientierungshilfe: www.agorax.de) bei diesen Tagungen über 100 Theologiestudierende, um Grundfragen der Theologie zu bedenken. Mögen diese Beiträge auch über den „Arbeitskreis geistliche Orientierungshilfe" hinaus vielen helfen, aus falschen Alternativen herauszukommen und neue Zugänge zum Alten Testament zu finden.

Juli 2005
Pastor Dr. Erhard Berneburg,
Studienleiter des Krelinger Studienzentrums

*Manfred Dreytza*

# Geschichte als Brücke?
# Neue Zugänge zum Alten Testament[1]

Als ich mich im Rahmen meines Studiums mit der Semantik, der Bedeutungslehre, beschäftigen musste, stieß ich bald auf ein Buch mit dem vielsagenden Titel: „The Meaning of Meaning"[2]. In diesem Werk aus dem Jahr 1923 führten Odgen und Richards aus, dass es in der Semantik bislang noch keine einheitliche Definition für das gebe, was man „die Bedeutung" nennen könne, sondern dass sowohl das Substantiv „Bedeutung" als auch das Verb „bedeuten" sehr viele unterschiedliche Bedeutungen haben. In der Linguistik hat sich dieser Zustand in den vergangenen 80 Jahren bis heute noch nicht geändert, und ich fürchte, wir werden weiter mit dieser Tatsache leben müssen.

Mit dem Wort „Geschichte", und damit sind wir beim Thema, steht es nicht anders. Das gilt gerade im Hinblick auf das Alte Testament.

## 1. Was meinen wir, wenn wir „Geschichte" sagen?

Im guten alten Sinn bezeichnet es, z. B. bei Herodot und Thukydides, „das Geschehen", die „Ereignisse", die „erzählt" werden. *Historeo* bedeutet „untersuchen, erforschen" und dann „berichten". *Historia* ist dann „die Untersuchung, Erforschung", daraus resultierend die „Kunde" und „der Bericht". Geschichte ist in diesem alten Sinne ein Geschehen und die Kunde davon. Geschichte ist dann der Ausschnitt der Vergangenheit, über den wir durch Zeugnisse etwas wissen. In diesem Sinne wird in den Königebüchern die Umschreibung gebraucht „Buch der Worte der Tage der Könige von Israel/Juda" (1Kön 11,41; 2Kön 1,18 u. ö.).

Bis ins 18. Jh. hatte „Geschichte" oder „Historie" diese Bedeutung.[3] Von

---

1   Stark überarbeitete und erweiterte Fassung eines Vortrags vom 21.11.1998 an der Herbsttagung der Arbeitsgemeinschaft geistliche Orientierung (AgO) in Marburg. Der Stil mündlicher Rede wurde z. T. beibehalten.

2   Odgen, C.K./Richards, I. A., The Meaning of Meaning. London 1923. New York 1945. Dt. Übers.: Die Bedeutung der Bedeutung, Frankfurt/M. 1974.

3   So z. B. bei Johann C. Adelung, Grammatisch-kritisches Wörterbuch der hochdeutschen Mundart. Zweite Auflage Leipzig 1793–1801 = Digitale Bibliothek 40.

ihm wurde der Plural „Geschichten" oder „Historien" gebildet. Bis zu diesem Zeitpunkt gab es den Kollektivsingular „Geschichte" noch nicht. Ich nenne das Wort „Geschichte" in diesem alten Sinne der Einfachheit halber *Geschichte 1.* Es ist „dargestellte oder berichtete Geschichte". Nun hat jede Darstellung – ob in der Literatur oder Kunst – und darauf hat besonders Friso Melzer hingewiesen – eine „Gestalt", einen „Gehalt" und eine „Gewalt", wir würden letztere heute „Wirkung" nennen. In sprachlicher Gestaltung tritt ein Ereignis der Vergangenheit vor uns, mitsamt seinem Inhalt, seiner Bedeutung und einer Wirkung auf uns. Gestalt, Gehalt und Gewalt sind nicht voneinander zu lösen.

Es ist müßig hinzuzufügen, dass dieser Anteil am weltweiten Geschehen bei weitem der kleinere ist, während der größte Anteil der Vergangenheit für immer unserem Blick entschwunden ist. Nur aus Zeitgründen blende ich jetzt die weitere Erörterung der Frage aus, weshalb wir diese Lücken eigentlich füllen wollen. Weshalb erforschen wir die Vergangenheit? Ist es die forschende Neugierde, die Hoffnung, aus der Geschichte zu lernen oder ein Stück Welterschließung und -eroberung?

Man kann „Geschichte" aber auch in ganz anderem Sinne gebrauchen, als ein „Großwort" (F. Melzer). Zu einem solchen ist sie seit dem 18. Jh. geworden. „Geschichte", nur noch im Singular gebraucht, bezeichnet dann z. B. die Mächtigkeit allen Geschehens[4]. Wir haben es also mit einem postulierten Kontinuum zu tun – „der Strom oder Lauf der Geschichte", das als Netz von Ursache und Wirkung und wechselseitiger, kämpfender Einflussnahme über der Welt liegt. „Geschichte" wird zur letzten Instanz, ja sie gewinnt einen Totalitätsanspruch. „So versammelte, durch die Lager hindurch, die ‚Geschichte' ehedem göttliche Epitheta auf sich. Sie wurde allmächtig, allgerecht, allweise, schließlich wurde man vor ihr verantwortlich."[5] Dieser Geschichte wohnt Vernunft inne. In ihr offenbart sich der Geist. Ihr Verlauf ist ein mächtiger dialektischer Prozess. Im Kampf, im Gegensatz und in der Vermittlung setzt sich aber letztendlich die Vernunft durch. Der Geschichtsphilosoph durchschaut das Gesetz der Geschichte. Oder der Geschichte werden chaotische, unheimliche, zerstörende, ja geradezu dämonische Züge zugeschrieben. Dieser Geschichtsbegriff ist notwendig spekulativer Natur. Wem fällt es nicht auf, dass hier eine Personifizierung, ja geradezu Mythisierung vollzogen wird! Denn von all dem, was er umfassen will, kennen wir nur

---

[4]    S. Findeisen, Was ist Geschichte? in: idea-Dokumentation 18/1990, S. 35.
[5]    Koselleck, R./Meier, C./Engels, O./Günther, H., Art. Geschichte, Historie, in: O. Brunner/W. Conze/ R. Koselleck (Hg.), Geschichtliche Grundbegriffe. Lexikon zur politisch-sozialen Sprache in Deutschland, Bd. II, Stuttgart 1975, S. 711.

ein Bruchteil. Allein schon sein Totalitätsanspruch macht deutlich, dass es sich um eine Geschichtsphilosophie handelt. Wir nennen dieses Groß-wort *Geschichte 2,* oder „herrschende Geschichte". Es gehört in einen inne-ren Zusammenhang mit anderen Worten, denen ein ähnliches Schicksal zuteil wurde: *das Sein, die Wirklichkeit, die Wissenschaft, das Leben* und an-deren.

Dass sich dieses Großwort heute im Endstadium der Frustration[6] befindet und in eine Fülle von Geschichtsentwürfen zersplittert, ist nicht zu über-sehen.

Der Positivismus des 19. Jh. und die historische Kritik wollten herausfin-den, „wie es wirklich gewesen ist". Das Ereignis selbst und der Bericht da-rüber, die deutende Kunde wurden dabei geschieden. Man versuchte den „Nettoinhalt" der Vergangenheit zu errechnen, das einzelne Geschehen an sich, frei von deutenden oder gar tendenziellen Zusätzen. Um das zu tun, bedarf es einer Kriterienliste, eines dogmatischen Vorwissens unsererseits, mit dem wir in der Vergangenheit scheiden, was angeblich und was wirklich geschehen ist. Ich nenne diese kritisch rekonstruierte „Netto-Geschichte" *Geschichte 3.*

Wenn z. B. der Erzählung von Jakobs Kampf am Jabbok „in Wirklichkeit" die alte Sage von einem Flussdämon zugrunde liegt, die dann später theolo-gisierend auf den Erzvater und seinen Kampf mit Gott übertragen wurde, so bildet jene angebliche Sage den „Nettowert".

Geschichte kann auch die Geschichtsforschung als Wissenschaft bezeichnen. Das nenne ich *Geschichte 4.* Das Ziel der Geschichtsforschung ist nach Bengtson die „Vergegenwärtigung". „Das Sichhineinversenken in eine ande-re Zeit, so dass diese wieder zu wirklichem Leben erwacht, ist und bleibt die eigentliche Aufgabe der historischen Forschung, und diese selbst ist nichts anderes als ein ewiges Ringen um die Formung eines möglichst wahrheits-getreuen Bildes von der Vergangenheit."[7] Ein hohes und doch bescheide-nes Ziel: ein „ewiges Ringen um ein möglichst wahrheitsgetreues Bild von der Vergangenheit", keine Spur vom Optimismus der positivistischen Geschichtsforschung des letzten Jahrhunderts, die entdecken wollte, wie es wirklich gewesen ist.

---

6  Findeisen, S. 32. Vgl. auch: Georg G. Iggers, Geschichtswissenschaft im 20. Jahrhundert, Göttingen 1993, S. 97–105.
7  Hermann Bengtson, Einführung in die Alte Geschichte, München 1979 (8. Aufl.), S. 1.

Welcher Begriff von „Geschichte" liegt denn unserem Thema zugrunde? Diese Frage ist ja keineswegs müßig, was spätestens bei der Frage nach dem Verhältnis von „Geschichte und Offenbarung" deutlich wird, das für das Alte Testament von großer Bedeutung ist. Wie können wir klären, was Offenbarung ist, wenn wir zum einen nicht genau wissen, was Geschichte ist und zum anderen den Offenbarungsbegriff von der Geschichte her zu deuten versuchen? Woher sollen wir das Wort „Geschichte" füllen?

Müssen wir als Theologen nicht von der Heiligen Schrift her sehen, was Geschichte ist? Und können wir nicht gerade so die Eigenart sowohl der biblischen Geschichtsschreibung beleuchten, als auch ein Licht auf unsere profane Geschichtswissenschaft werfen? Das ist die These, die in diesem Aufsatz vertreten wird. Meiner Meinung nach verfolgte Karl Barth diesen Ansatz: „Offenbarung ist kein Prädikat der Geschichte, sondern Geschichte ein Prädikat der Offenbarung"[8]. Von der Offenbarung her müssen wir demnach zu bestimmen versuchen, was Geschichte ist, wenn wir einen theologischen Geschichtsbegriff suchen.

Dass die positivistische Bemühung, das wirkliche Geschehen historisch-kritisch scheidend aufzuhellen – also die „Netto-Geschichte" zu errechnen – immer noch aktuell ist, zeigt z. B. ein Blick in Walter Dietrichs Buch über die frühe Königszeit in Israel.[9] Wir lesen dort: „Wir sind es gewohnt, unsere Lebenswelt rational zu betrachten und zu organisieren, ihre Gesetzmäßigkeiten zu durchdringen und zu beherrschen, Kausalzusammenhänge wahrzunehmen und ihnen entsprechend zu urteilen und zu handeln." (S. 95). Dietrich betont, dass wir heute hinter die Entscheidungen und Errungenschaften der Moderne nicht zurück können und wollen. (S. 95/96). Er fährt fort: „Trotz aller Reflexion auf die Unvermeidbarkeit subjektiver Vorverständnisse und unwillkürlicher normativer Werturteile schwebt uns bezüglich der Geschichtsforschung immer noch das positivistische Ideal vor, es gelte herauszufinden, wie es damals wirklich gewesen ist." (S. 96). Fragt man, woran man die objektive Information der Vergangenheitszeugen messen kann, hört man: „Die Glaubwürdigkeit geschichtlicher Quellen und historiographischer Werke bemißt sich danach, inwieweit sie Dinge und Vorgänge schildern, die sich rational verstehen, nachvollziehen, wahrscheinlich machen und nach Möglichkeit nachprüfen lassen." (ebd.). Mit Leichtigkeit weist Dietrich darauf hin, dass die biblische Geschichtsdarstellung anderen Maximen folgt als unsere: Gott spielt in ihnen eine aktive Rolle, auch Menschen

---

[8]    Kirchliche Dogmatik I/2, Zollikon 1938, S. 64.
[9]    Walter Dietrich, Die frühe Königszeit in Israel. 10. Jahrhundert v.Chr., Stuttgart 1997 = Biblische Enzyklopädie, Bd. 3.

wird sehr viel Übermenschliches zugetraut usw. Er löst die Diskrepanz mit
der Behauptung, „die biblischen Geschichtsschreiber hatten niemals das einzige oder auch nur vorrangige Ziel, zu erforschen und wiederzugeben, wie es
damals gewesen ist. Sie schrieben weniger über die Vergangenheit als vielmehr für die Gegenwart. Die jetzigen Leser und Leserinnen galt es nicht nur
zu informieren, sondern auch zu erbauen und zu belehren." (S. 98). Die „prä-
zise Abbildung der historischen Realität" stand nicht im Vordergrund des
Interesses. (S. 99). Also mehr „story" als „history". Ich habe dieses Buch nur
willkürlich herausgegriffen. Man könnte auch andere Beispiele nennen.

## 2. Ereignis und Deutung, oder: der Mythos vom „Faktum"

Dem eben genannten Zitat liegt eine positivistische Füllung des Geschichts-
begriffes zugrunde, also *Geschichte 3*. An dieser Stelle sind ein paar Anmerkungen zum Verhältnis von Ereignis und Deutung angebracht.

Nachdem Gerhard von Rad 1960 den ersten Band seiner Theologie des
Alten Testaments veröffentlicht hatte, wurde von vielen Kritikern genau auf
die Kluft hingewiesen, die zwischen der Geschichte Israels, so wie sie die historische Kritik herausgearbeitet hatte, und dem Bekenntnis Israels zur eigenen Geschichte, bestand. V. Maag formulierte es zugespitzt so: „Wer etwa die
deuteronomistische Geschichtsdarstellung im Richterbuch für theologisch
verbindlich erklären wolle, obwohl doch der wahre Geschichtsverlauf ganz
anders gewesen sei, pflanzt Fiktionen von Gottes Handeln ... Er pflanzt ...
eine fromme Lüge und setzt sie als Wort Gottes."[10]

Grundsätzlich ist Maag zuzustimmen. Der Unterschied zwischen wirklichem Geschichtsverlauf und frommer Darstellung ist dann so krass, dass
selbst ein Verweis auf mögliche theologische Bedeutung einer Fiktion den
nicht überbrücken kann. Alttestamentlicher Glaube kann ohne den Ereignischarakter bezeugter Taten Gottes nicht leben. Nur – wie unterscheiden wir
zwischen Ereignis und Deutung, zwischen theologischem Glaubensbekennt-
nis und wirklichem Geschehen? Liegt das Problem nicht im Versuch der
Trennung dieser beiden Elemente? Handelt es sich um ein selbstgemachtes
Problem?

---

[10]   Schweizerische Theologische Umschau (SThU) 1958, 13, zitiert nach: Henning Graf
       Reventlow. Hauptprobleme der alttestamentlichen Theologie im 20. Jahrhundert, Darm-
       stadt 1982, S. 74.

Man könnte auch von einem „Mythos vom Faktum" reden, oder von angeblich objektiver historischer Erkenntnis.

Es ist u. a. der englische Historiker Edward Carr[11] gewesen, der in Abgrenzung vom Positivismus des 19. Jahrhunderts darauf hingewiesen hat, dass ein so genanntes „historisches Faktum" ein von Historikern gemachtes Gebilde sei und nicht ein fester Kern von Tatsachen, die unabhängig von der Überlieferung und der Interpretation durch den Historiker bestehen.

Wir haben in der Geschichtsschreibung des Alten Testaments nicht „objektive Fakten" im Sinne des Positivismus vor uns, wir haben nicht das „Ereignis an sich", sagen wir, den Schilfmeerdurchzug, den wir aus den Glaubenserzählungen des Buches Exodus herauslösen könnten, sondern wir haben das Ereignis durchgehend in einer unauflöslichen Verbindung mit der prophetisch-theologischen Deutung. Und von dieser Verbindung gilt im übertragenen Sinne: „Was Gott zusammengefügt hat, soll der Mensch nicht scheiden" (Mt 19,6). Der Positivist, der dem „Ereignis selbst" nachjagt und dieses „das historische Ereignis rein als solches" nennt, jagt einem Phantom nach.

Wer meint, er könne das vermeintlich objektive Ereignis von der theologischen Deutung trennen, übersieht einen historischen Tatbestand: Kein Historiker hat das Ereignis der Vergangenheit „rein als solches", sondern er hat es immer nur durch die „Wasserröhre der Tradition" empfangen. Dazu zählen auch die so genannten „Dokumente". Denn jedes Dokument sagt nur, was sein Autor dachte, für wichtig hielt und aus seiner Perspektive berichtete. Alle so genannten Fakten erfahren im Geist des alten Berichters ihre Brechung wie das Licht im Prisma. Eine zweite Brechung erfahren sie durch den modernen Historiker. Dass nun gerade dieses Dokument alter Zeit noch vorhanden ist, ist vielleicht reiner Zufall. Carr wird bei diesem Gedanken geradezu poetisch: „Die Fakten gleichen nämlich in keiner Weise den Fischen auf des Händlers Tisch; viel eher sind sie die Fische, die in einem großen und manchmal unzugänglichem Ozean herumschwimmen, und der Fischzug des Historikers hängt zum Teil von seiner Geschicklichkeit ab, in der Hauptsache aber doch davon, welchen Teil des Ozeans er sich zum Fischen aussucht und welche Geräte ihm gut dünken – diese beiden Faktoren hängen natürlich ihrerseits wiederum davon ab, welche Art Fische er zu fangen wünscht. So nach und nach erwischt der Historiker die Art Fakten, hinter denen er her ist. Geschichte heißt Interpretation."[12] Damit soll nicht

---

[11]   Edward H. Carr, Was ist Geschichte?, Stuttgart (3. Aufl.) 1972. Originalausgabe: What is History?, London 1961.
[12]   Ebd. S. 23.

dem Skeptizismus das Wort geredet werden. Ich meine damit auch nicht, dass jede Interpretation genauso gut wie die andere wäre. Nein, vielmehr behaupte ich eine Wechselwirkung, die zwischen dem Historiker und seinen Fakten zustande kommt, ein Geben und Nehmen, ein gegenseitiges Beeinflussen, kurz: eine Begegnung. Eine Wechselwirkung von Gegenwart und Vergangenheit. Denn der Historiker ist ja ein Teil der Gegenwart. Er beeinflusst die Auswahl und Deutung der [schon gedeuteten] Fakten, und die Fakten beeinflussen ihn. Ohne Fakten ist der Historiker ein schlechter Romanschreiber. Ohne Historiker bleiben die Fakten für uns tot und bedeutungslos.

Beim Versuch der Trennung von Ereignis und Deutung wird außerdem ein theologischer Tatbestand übersehen: Die alttestamentliche Geschichtsschreibung ist völlig theonom, d. h. auf Gott bezogen. Eine in unserem modernen Sinne „profane" Geschichtsschreibung kennt das alte Israel nicht. Nach dem Selbstverständnis der Texte stellen uns die Erzählungen vor Gott. Er greift ein, richtet und rettet, verheißt und erfüllt. Er offenbart sich selbst.

Auf diesen Unterschied hatte Gerhard von Rad im zweiten Band seiner Theologie hingewiesen: „Das alte Israel sah z. B. in seiner Erwählung eine Tatsache von äußerster Wichtigkeit. Der moderne Historiker sieht anders. Er registriert wohl die Existenz einer solchen religiösen Vorstellung, aber als geschichtsgründende Tatsache vermag er die Erwählung nicht zu erkennen."[13]

Das Bekenntnis, dass Jahwe, der Gott Israels, Herr der Geschichte ist und in der Geschichte Israels zum Heil der ganzen Welt eingegriffen und gehandelt hat, stößt mit dem ganz anderen Wirklichkeitsverständnis der historischen (Sach-) Kritik zusammen. Nicht nur das, sondern es stößt auch mit der jeweiligen Weltsicht des Historikers zusammen. Denn darin ist Stanfords kurzem Diktum zuzustimmen: „How a historian sees the past is only a part of how he sees the world."[14]

Das Wirklichkeitsverständnis der modernen Welt wird in der historischen Sachkritik, wie sie in weiten Teilen der exegetischen Theologie immer noch üblich ist, unhinterfragt als Norm und Regel gesetzt. Dazu gehören die Voraussetzungen wie z. B., dass alles Wunderhafte (Gottes Reden, Eingreifen, Wunder) vom Bericht zu entfernen seien. Entweder, indem sie geleugnet werden („So ist es natürlich nicht gewesen"). Oder man nimmt ihnen gegenüber eine distanzierte Haltung ein („Sie sind nicht überprüfbar"). Oder

---

[13] Gerhard von Rad, Theologie des Alten Testaments, Bd. 2, München 1968, S. 422.
[14] Michael Stanford, The Nature of Historical Knowledge, Oxford 1987, S. 96.

man schiebt sie der Erzählabsicht des Autors in die Schuhe („So hat sich das
der Erzähler vorgestellt"). Unter dieser Voraussetzung ist das Missverstehen
und Bevormunden des biblischen Textes in seiner Einheit von Bericht und
Deutung vorprogrammiert.

Es kommt nicht zu einer echten Begegnung. Der Bibeltext will zur Begegnung mit dem lebendigen Gott führen. Es könnte in dieser Begegnung ja
deutlich werden, dass unserem modernen Wirklichkeitsverständnis eine
wesentliche Einsicht fehlt und dass diese im Bibeltext – und nur dort – zu
finden ist: die Urwirklichkeit Gottes, der der Herr aller Dinge ist.

Wenn das Auseinanderreißen von theologischer und historiographischer
Beschreibung eines Ereignisses schon in unlösbare Widersprüche führt und
der biblischen Erzählung die Seele raubt, so gilt dasselbe, wenn man den
Ereignischarakter für zweitrangig erklärt: „Glaube bedeutet nicht, die historischen Fakten wider besseres Wissen zu behaupten, sondern Glaube bedeutet,
das Daseinsverständnis, das die Texte entfalten, als das eigene zu übernehmen."[15] Ganz gewiss nicht wider besseres Wissen. Aber wissen wir es denn
besser? Ein „Übernehmen des Daseinsverständnisses" ohne historische Basis
führt in der Tendenz zu einem Gottesglauben, über den sich der Deismus wie
ein Mehltau gelegt hat. Gott rückt in die Ferne und Unerfahrbarkeit.

Auch wenn die Vielzahl der Deutungen, die der Bibeltext im Laufe der
Geschichte erfährt, nicht zu übersehen ist, liegt die Lösung wohl auch nicht
darin, so viele Deutungen als legitim anzunehmen, wie es Leser gibt.

Vielmehr ist das alttestamentliche deutend berichtete Ereignis in seiner
historischen Zuverlässigkeit ernst zu nehmen. Der Bibeltext gewährt uns
Zugang zum wahren und wirklichen Geschehen. „Wahr" meint, dass er uns
die Bedeutung, den Sinn, den Gehalt des Geschehens erschließen will.
„Wirklich" betont die Tatsächlichkeit des Geschehens, auch des Wunderhaf-
ten, wie z. B. der Schilfmeerdurchzug, das Wunder Elias auf dem Karmel
oder die Speisevermehrungen durch Elisa. In dem Geschehen und in der
Deutung werden wir vor Gott gestellt.

Natürlich hebt der Bericht nur einen oder wenige Aspekte des Geschehens
hervor, oft solche, die uns nicht als Erstes ins Auge fallen würden.

Die Erzählabsicht biblischer Ereignisse ist keineswegs neutral-distan-
ziert. Der Hörer/Leser soll nicht nur informiert, sondern zum Glauben und
zum Gehorsam diesem Gott gegenüber hingeführt werden, der in ihnen wirkt.

Die biblische Geschichtsschreibung ist außerdem auch noch teleologisch.
Im Unterschied zur griechischen Geschichtsschreibung weiß sie von einem

---

[15]  Manfred Oeming, Tatsachenreportage oder Glaubenszeugnis, in: M. Oeming, Die fundamentalistische Versuchung (Osnabrücker Hochschulschriften 17), Osnabrück 1997, S. 61.

Ziel, einem Ende, auf das die Welt zuläuft. Das hängt schon mit den alttestamentlichen Verheißungen zusammen. Verheißungen – wie z. B. der
Abrahamsbund oder die Landgabe – richten den Blick und die Erwartung
des Empfängers nach oben – zu Gott – und nach vorne.

# 3. Wort, Geist und Geschichte

Wir betrachten die unauflösliche Verbindung von theologischer Deutung
und historiographischer Darstellung noch unter einem weiteren Gesichts-
punkt. Wer sich im Alten Testament umsieht, beobachtet rasch die Zuordnung von Wort und Geist. Es sind die beiden „Unzertrennlichen". Das
beginnt schon im Schöpfungsbericht, wenn es heißt „der Geist Gottes
schwebte über dem Wasser" (Gen 1,2) und der nächste Satz mit dem Reden
Gottes beginnt: „und Gott sprach ..." (1,3). Dass Gottes Reden geistesmächtig schafft, was es sagt, preisen die Psalmen [„Der Himmel ist durch das Wort
des Herrn geworden, und all ihr Heer durch den Hauch seines Mundes",
Ps 33,6; „Denn wenn er spricht, so geschieht's, wenn er gebietet, so steht's da
(V.9)]. Dass der Geist Gottes in der Geschichte machtvoll wirkt und Gottes
Worte zum Ziel führt, enthüllt uns z. B. Jesaja 34,16. Die Unheilsweissagung
über Edom trifft ein, denn „sein Mund gebietet es, und sein Geist versam-
melt sie" (die unheimlichen Bewohner der Ruinen Edoms).

Gottes Reden ist geistdurchwirkt, vollmächtig und geschichtsmächtig. Sein
Wort setzt immer wieder – von Abraham beginnend, über David und in Jesus
Christus gipfelnd – in Verheißung, Gehorsam und Erfüllung ein Geschehen in
Gang. Und der Bericht von diesem Geschehen ist selbst geistgetränkt.

Das Alte Testament bezeugt uns in vielfältiger Weise Gottes Reden, die
Offenbarung durch das Wort, wie es an die Patriarchen, Mose und die Propheten ergeht.

Das Alte Testament bezeugt uns aber auch Gottes Reden durch sein Handeln, also durch Ereignisse. Offenbarung also durch Geschehen, Offenbarung als Geschichte. Die Befreiung Israels aus Ägypten oder umgekehrt das
Babylonische Exil sind solche Ereignisse. Diese geschehen aber nicht „rein als
solche", sondern werden durch prophetische Rede angekündigt und/oder im
Nachgang gedeutet. Die vom Alten Testament bezeugten Ereignisse stehen
vor uns in der Einheit von Gestalt (das erzählte Geschehen), Gehalt (ihre
Bedeutung) und Gewalt (ihre Wirkung damals und heute).

Das Alte Testament bezeugt uns, dass Gottes Reden Handeln ist, dass sein
Reden zu Menschen und sein Handeln in der Geschichte geisterfüllt und
geistesmächtig geschieht.

Wir finden hier eine innere und unauflösliche Einheit von Wort, Geist und Geschichte. Der Geist, der vom Vater und dem Sohn ausgeht, ist der Urheber der Offenbarung, er ist die bewegende Kraft der Heilsgeschichte und er ist die Stimme, die im Wort redet.[16]

Diese unauflösliche Einheit ist letztlich in Gott begründet, in seinem Wesen als redender und handelnder Gott, in seiner Erweisung des Geistes und der Kraft.

Diese Einheit ernst zu nehmen, heißt auch anerkennen, dass es einen Interpreten gibt, der uns den Zugang zum Text und Ereignis gerne öffnen will.

Im Folgenden soll noch einmal auf Hellmuth Frey verwiesen werden. In dem längeren Zitat entfaltet er den Kernsatz: „Die Auslegung jedes biblischen Textes geht von einem Vorgegebenen aus, von der Person des offenbarten Gottes."

„1. Exegese hat es immer mit einem Text zu tun. – 2. Jeder Text ist ein Stück Literatur und damit ein Stück Geschichte. – 3. Über der Geschichte des biblischen Textes steht aber nicht bloß, wie über aller Geschichte, Gott als letzte bewegende Kraft, sondern der Name des offenbarten Gottes, Jahwe oder Jesus. In ihm begegnet Rede des Transzendenten, d. h. Offenbarung. – 4. Das Wort dieses Literaturausschnittes ist damit anderes Wort, Gottes Wort, das Stück Geschichte, das dieser Literaturabschnitt darstellt, ist andere Geschichte, Heilsgeschichte. – 5. Biblischer Exegese ist damit nicht bloß der Text vorgegeben und sein mutmaßlicher menschlicher Autor wie die mutmaßliche geistesgeschichtliche Tradition, in der er steht, sondern die Person des offenbarten Gottes, die für uns scharfe Umrisse gewinnt in dem Namen „Jahwe", und das Ereignis, das ausgesprochen ist in dem Satz: „So spricht Jahwe". – 6. Nachdem Gott, der im Alten Bunde durch sein Wort und seine geschichtliche Tat in Verhüllung redete, in der Person Jesu sein Gesicht enthüllt, in seinem Kreuz und seiner Auferstehung sein geschichtliches Handeln ans Ziel gebracht hat, ist es nicht mehr möglich, sein Reden und Handeln im Alten Bunde an diesem Jesus, seinem Kreuz und seiner Auferstehung vorbei zu verstehen, wie umgekehrt das Reden und Handeln Jesu nicht isoliert von Gottes Reden und Handeln im Alten Bunde, in Gesetz und Prophetie, Bund und Israel betrachtet werden kann. – 7. Nachdem Jesus in

---

16  Ich bekenne dankbar, dass ich durch Schriften von Hellmuth Frey auf diese Einheit aufmerksam gemacht worden bin, besonders in seinem wegweisenden Aufsatz „Um den Ansatz theologischer Arbeit", in: Abraham, unser Vater. Juden und Christen im Gespräch über die Bibel (FS Otto Michel), Hrsg. Otto Betz/Martin Hengel/Peter Schmidt, Leiden 1963, S. 153–180. Jetzt in: „Edition Ichthys", Bd. 1, Giessen 2002.

seinem Heiligen Geist als seinem Interpreten und Vertreter in der Gemeinde
gegenwärtig geworden ist, ist es nicht mehr möglich, unabhängig von der
persönlichen Verbindung mit ihm durch diesen Geist jetzt noch seine Worte
und Taten legitim zu verstehen und zu bezeugen als Literatur und Historie.
Umgekehrt geht es nicht an, seinem Geist losgerissen von seinem Wort und
seinen Taten als bloßer subjektiver Verbindung mit der Transzendenz oder
Gott zu begegnen. Beides wäre ein Versuch der Verfügung über Gott vom
Menschen her, das eine intellektualistischer, das andere schwärmerischer.

Damit ist der pneumatische Charakter der Exegese mit unserer heilsgeschichtlichen Situation gegeben, pneumatische und heilsgeschichtliche
Exegese in unauflösliche Zusammengehörigkeit zueinander gerückt. Das
Pneuma ist die Tür, durch die aller Verkehr mit dem Text geht, nicht ein Es,
sondern eine Person. Diese Person, wie sie im Wort offenbart ist, ist der Ausgangspunkt aller Exegese."[17]

Wie ist es denn nun „wirklich gewesen"? Antwort: Die prophetisch-theolo-
gische Darstellung der vergangenen Ereignisse ist die wahre, und das meine
ich im alten Sinne von *alēthēs*, es ist auch die wirkliche, sachlich-zutreffende.
Die biblische Darstellung bietet Glaubenszeugnis und Geschichtserzählung
in einem und das untrennbar. Vieles von dem, was sie berichtet, ist für uns
nicht nachprüfbar, lässt sich auch nicht wahrscheinlich machen. Wir tun gut
daran, die biblisch-heilsgeschichtliche Darstellung nicht modern zu bevormunden, sondern ihr offen zu begegnen: ihrer unverwechselbaren Gestalt,
ihrem einzigartigen Gehalt und der uns zu Christus hinziehenden Gewalt.
Wir möchten das alles so gerne apologetisch absichern, einsichtig machen.
Und in der Tat, auf vieles lässt sich gut hinweisen, es gibt sie ja hier und da:
die Evidenz.[18] Gegenüber einer Hyperkritik läßt sich ja auch vieles einwen-
den. Dennoch sollte bei aller wohlgemeinten Apologetik dieser letzte, ärger-
niserregende Anspruch des Alten Testaments als Heiliger Schrift nicht abge-
schliffen werden: Die Schreiber wollten sehr wohl berichten, was wirklich
geschehen ist.

Wird damit der Gordische Knoten nicht einfach durchgehauen? Ich meine nein. Denn das Bekenntnis zur unauflöslichen Einheit von Wort, Geist
und Geschichte, von Ereignis und prophetisch-theologischer Deutung dis-
kreditiert ja nicht historische Forschung, macht sie auch nicht überflüssig.
Im Gegenteil, sie motiviert erst recht, den geschichtlichen Hintergrund ins
Auge zu fassen, so weit es uns möglich ist. Es bleiben immer noch genug offe-

---

[17]  H. Frey, Krise der Theologie, 2. Aufl. Wuppertal 1972, S. 70.
[18]  Z. B. hat James K. Hoffmeier das kürzlich wieder für den Exodus versucht: Israel in Egypt.
    The Evidence for the Authenticity of the Exodus Tradition, Oxford 1999.

ne Fragen übrig, z. B. wie sich der derzeitige archäologische Befund und die biblische Erzählung von der Zerstörung Jerichos (Jos 6) zueinander verhalten. Eins aber sollte schon deutlich sein: die Brücke zum rechten Verständnis des Alten Testaments, seiner Erzählungen, kann die Geschichte nicht bauen, erst recht nicht die verengende Fragestellung historischer Kritik.

# 4. Ist die Bibel geschichtlich bedingt?

Wer fragt, ob die Geschichte die Brücke sei, hat in der Regel die Fragen im Blick, ob denn die Bibel geschichtlich bedingt sei, und deshalb geschichtlich gelesen und verstanden werden wolle. Was meint denn „geschichtlich bedingt"?

Wer damit betonen will, die Bibel sei kein vom Himmel gefallenes Buch, sondern im Laufe der Zeit, im Verlauf und unter den Umständen einer Geschichte entstanden, ergeht sich in Platitüden. Geschichtlich bedingt meint mehr als die natürliche Verfremdung, die durch den zeitlichen Abstand zur Vergangenheit entsteht. Diese ist eine Grundform unserer Existenz.

Mit „geschichtlich bedingt" meint man ja in der Regel, die Bibel könne aus ihrer Entstehungsgeschichte, ihren zeitgeschichtlichen und theologischen Voraussetzungen usw. heraus hinreichend erklärt und verstanden werden. An dieser Stelle begeben wir uns in die Geschichtsphilosophie, und zwar in die des Historismus. Jedes Schriftstück der Vergangenheit ist demzufolge ein Kind seiner Zeit. Es enthält zeitgebundene Denkvoraussetzungen und Äußerungen. So betrachtet lesen wir in den Geschichten des Alten Testaments, was Menschen der damaligen Jahrhunderte über sich, Gott und die Welt dachten. Die Frage nach dem „wahr" oder „falsch" kann nicht beantwortet werden.

Konsequent ist es dann aber, daran zu erinnern, dass auch unser heutiges Lesen, Verstehen und Deuten des Alten Testaments geschichtlich bedingt sei. Der geschichtlichen Bedingtheit ist dann nicht nur der Erkenntnisgegenstand, sondern auch das Subjekt des Historikers unterworfen. Gleiches Recht für alle! Alles Bemühen um eine Hermeneutik des Alten Testaments spiegelt dann nur unsere Gegenwart wieder, zahlt der Gegenwart Tribut.

Damit ist die Frage nach der wirklichen geschichtlichen Bedeutung aber für immer im Nebel verschwunden. Denn wir alle sitzen noch im Zug der Zeit, und zwar mit dem Rücken zur Lokomotive. Wir wissen nicht, wie viele Stationen noch kommen. Wir können die durchfahrene Strecke in ihrer

Bedeutung, in ihrem Sinn schon deshalb nicht würdigen, weil wir nicht wissen, welche Streckenabschnitte noch kommen werden.

Die zu glaubende Prämisse klassisch historisch-kritischer Arbeit lautet: die Bibel werde geschichtlich recht verstanden im Sinne geschichtlicher Bedingtheit. Diese Voraussetzung führt dann etwa zur Folgerung, ein Buch könne erst aus der Rekonstruktion seiner Entstehungsgeschichte hinreichend verstanden werden. Aber dieser Ansatz ist inkonsequent. Denn dann kann auch unser heutiges Verstehen und Rekonstruieren der alten Entstehungsgeschichte nur aus unserer eigenen persönlichen, kulturellen, religiösen Entstehungsgeschichte heraus verstanden werden. Meine Entstehungsgeschichte aber ist nicht abgeschlossen. Ich bin noch im Werden, hoffentlich mein ganzes Leben lang. Konsequenterweise könnte dann erst die folgende Generation mit dem Abstand des Historikers über mein geschichtsbedingtes Verstehen alter geschichtsbedingter Bücher urteilen. Aber auch deren Urteil ist noch im Fluss!

Die historistische These von der geschichtlichen Bedingtheit der Bibel und ihrem Verständnis endet im Strudel des Relativismus, oder sie löst sich in psychologisierende oder religionssoziologische Betrachtungsweise auf. Der Soziologe und Historiker Max Weber hat bekanntlich den Historismus an dieser Stelle kritisiert, als er den Historiker als erkennendes Subjekt in den Mittelpunkt gerückt hat. Dem Historiker liegen die Objekte der Geschichte nicht unmittelbar vor, und sie sind keinesfalls aus sich heraus verständlich. Ihr Sinn und ihre Bedeutung muss vom Historiker erst geschaffen werden.

Aber das ist noch nicht alles. Wer davon ausgeht, dass das Alte Testament in diesem Sinne geschichtlich verstanden werden müsse, verleiht der Geschichte, genauer gesagt, einem jeweiligen Ausschnitt oder Kontext der Geschichte, eine normative Bedeutung. Mit „Kontext" ist dann ein vergangener oder gegenwärtiger Kontextausschnitt gemeint. Die Befreiungstheologie z. B. sieht im Kontext der Unterdrückung der Armen einen hermeneutischen Schlüssel zum rechten Verständnis der Bibel. Nehmen wir als Beispiel Jorge Pixleys „Heilsgeschichte von unten"[19]. Pixley ist ein amerikanischer Alttestamentler, der seit Jahrzehnten in Nicaragua lehrt. Er betrachtet von der Befreiungstheologie herkommend den Exodus als theologischen Verstehensschlüssel zum Alten Testament und folgert: „Kein Gott, der nicht Retter der Armen war, konnte der wahre Gott Israels sein." (S. 15). Dieser Schlüssel wird nun im Sinne der Tendenzkritik benutzt, um einen allfälligen ideologischen Sprachgebrauch in den biblischen Texten zu entschlüsseln, so z. B. in den

---

[19]  Jorge Pixley, Heilsgeschichte von unten, Nürnberg 1997.

Königebüchern. Aus irgendeinem gegenwärtigen oder vergangenen Kontext wird ein Ausschnitt zum Materialprinzip erhoben und als Schlüssel zur Heiligen Schrift gebraucht: sei es die Sozialgeschichte, frauenspezifische Fragestellungen oder anderes.

Wenn in diesem Sinne die Geschichte die Brücke sein soll, fragen wir nun noch, auf den Anfang zurückkommend, welche „Geschichte" von 1–4?

*Geschichte 4* (Geschichtswissenschaft) scheidet aus. *Geschichte 3* (Netto-Geschichte) kommt auch nicht in Frage, weil wir den gesamten Inhalt der Vergangenheit nicht kennen, und noch weniger geeignet ist die titanenhafte *Geschichte 2*, weil uns diese Totalerkenntnis nicht gegeben ist. Es bleibt noch *Geschichte 1* übrig, unsere Fragmentensammlung von Ereignissen der Vergangenheit, welche wir „Geschichte" nennen.

Aber wie kann ein Fragment den Schlüssel zu einem Ganzen bilden, das wir gar nicht kennen? Wenn ich im Wüstensand ein paar Papyrusfetzen mit wenigen Worten eines unbekannten Textes finde, ist es unmöglich, aus ihm die Größe, den Inhalt, geschweige denn die Bedeutung des Ganzen zu erschließen. Unsere gesamte Erkenntnis der Vergangenheit als Geschichte umfasst nicht mehr als ein paar Fragmente. Alfred Heuss[20] z. B. spricht vom „Unbehagen des Althistorikers", welches daraus resultiert, dass er nicht genug weiß und darum denjenigen, die sich für ihn interessieren, zu wenig zu sagen hat. Wenn unsere Erkenntnis der Vergangenheit nicht mehr als Fragmente umschließt, woher kennen wir dann die Deutung des Ganzen oder einiger Teile?

Vergegenwärtigen wir uns dazu einen Moment Eigentümlichkeiten der Geschichtsschreibung des Alten Testaments. Die beiden Bücher der Könige z. B. sind keine Fragmente, sie sind Chroniken. Sie umfassen 1534 Verse, ihr Erzählinhalt erstreckt sich über gut 410 Jahre. Man bedenke zum Vergleich: Deutsche Geschichte von 1595 bis 2005! Israelitische Geschichte von 972 v.Chr. (Davids Tod) bis 560 v.Chr. (Begnadigung Jojachins)! Der Regierungszeit Salomos, also den ersten vierzig Jahren, wird ein knappes Drittel des Doppelwerkes gewidmet. Ein gutes weiteres Drittel entfällt auf die ca. sechzig Jahre der Wirkungszeit Elias und Elisas, in steter Verzahnung mit den Königen des Nordreiches. Das Buch der Könige fällt auf den ersten Blick unter *Geschichte 1*. Wer in ihnen profanhistorische Geschichtsschreibung mit größtmöglicher Vollständigkeit erwartet, wird bitter enttäuscht. Ahab, der innen- und außenpolitisch höchst bedeutsame und einflussreiche König,

---

[20]    Alfred Heuss, Vom Unbehagen des Althistorikers (1986), in: Wilfried Nippel (Hrsg.), Über das Studium der Alten Geschichte. München 1993, S. 373–383.

wird in gänzlich negativem Licht gesehen. „Er verkaufte sich an das Böse"
(1Kön 21,25). Die vierzigjährige Blütezeit des Nordreichs unter Jerobeam II.
(782–742 v.Chr.) – Wohlstand sondergleichen – wird mit mageren 8 Versen
abgehandelt (2Kön 14,23–29).

Das Leitmotiv, der geschichtstheologische „rote Faden" der Königebücher
ist nicht ihrer eigenen, chronikhaft-fragmentarischen Geschichte entnom-
men, sondern ist von außen gekommen: Gottes Bundeszusage an David
(2Sam 7), seine Verheißung eines beständigen Hauses und die Bindung der
Könige an den Bundesgehorsam, also an ihre Stellung zu dem Gott Abra-
hams und Davids. Wieder ein Beispiel für die Theonomie alttestamentlicher
Geschichtsschreibung.

Wer die Bibel im oben genannten Sinn für geschichtlich bedingt hält,
muss den historistischen Ansatz dann auch konsequent durchführen und
darf nicht auf halbem Weg stehen bleiben. Der Historismus führt konsequent in den Relativismus und wandelt letztlich die Theologie in Soziologie
oder Religionsgeschichte oder anderes.

Die Überwindung dieses historistischen Ansatzes kann nur aus der Heiligen Schrift selbst heraus erfolgen. Das soll im Folgenden gezeigt werden.

# *5. Ist die Geschichte die Brücke?*

Kann Frau Mirjam Meier[21], die morgens nach dem Frühstück, wenn die
Kinder aus dem Hause sind, sich an den Küchentisch setzt, die Tassen etwas
zur Seite schiebt und einen Abschnitt der Bibel liest, diesen richtig, angemessen verstehen? Heute liest sie gerade einen Abschnitt aus dem Propheten
Jesaja. Versteht sie, was sie liest? Sie weiß nicht viel von den geographi-
schen Gegebenheiten in Israel – zu einer Reise hat das Ersparte noch nicht
gereicht –, noch weniger von den Zeitverhältnissen im Südreich unter
Hiskia; von den Sargoniden in Assyrien hat sie nicht einmal den Namen
gehört. Die Probleme der Literarkritik und Redaktionsgeschichte im Buch
Jesaja sind ihr genauso wenig vertraut wie die Probleme der Schildkröten-
eiersucher auf den Galapagos-Inseln. Und auch die formgeschichtlichen
Schönheiten der Prophetenrede sind ihr fremd.

Antworten wir: „Ja, natürlich kann sie den Text verstehen! Sie kann doch
um den Heiligen Geist bitten und zudem will sich die Bibel selbst auslegen!",

---

21   Der Name ist frei erfunden.

dann antworten wir gut reformatorisch. Sie braucht keine kirchliche Lehrinstanz zur rechten Bibelauslegung. Dass sie dann auch gerne ein Bibellexikon oder ein anderes Hilfsmittel zu Rate zieht, oder sich mit anderen Christen in einem Bibelkreis über den rätselhaften Prophetenabschnitt austauscht, widerspricht dem Ansatz nicht.

Antworten wir: „Nein, Frau Meier mag die Bibel wohl erbaulich lesen, aber angemessen versteht sie sie nicht, da die Bibel geschichtlich verstanden sein will", dann haben wir die alte Stufengliederung in Klerus und Laien durch die Hintertür wieder eingeführt: Erst durch den Berufstheologen wird in der Gemeinde das angemessene Bibelverständnis verbreitet! Dieses Denken findet sich landauf landab in den Gemeinden: Der Pfarrer hat studiert. Er muss es wissen. Wir rauben dem Pfarrer nicht die Berufsehre, wenn wir daran festhalten, dass nach gut reformatorischer Einsicht jeder Glaubende die Bibel angemessen verstehen kann, indem er sie liest, indem er den gegenwärtigen Herrn bittet, ihm durch den Heiligen Geist die Schrift zu öffnen und indem er sich daran macht, das Verstandene in die Tat umzusetzen. Es geht vielmehr darum, dem gewöhnlichen Bibelleser das Wort Gottes wiederzugeben, das ihm eine historisch-kritische Fachtheologie ungewollt genommen hat, und auf die „Genugsamkeit" und „Klarheit" der Heiligen Schrift hinzuweisen.

In seinem wichtigen Aufsatz „Hermeneutische Grundsätze zur Exegese biblischer Texte" nennt Hartmut Gese[22] einen Fundamentalsatz der Hermeneutik, der so oder ähnlich überall zu lesen ist: „Ein Text ist so zu verstehen, wie er verstanden sein will, d. h. wie er sich selbst versteht."[23] Damit sei erstens der historische Zugang zum Text hermeneutisch bestimmend. Für uns gebe es „keinen Zugang zum Text unabhängig vom Historischen". „Eine biblische Hermeneutik muß sich zunächst dem historisch zugänglichen originalen Sinn des biblischen Textes zuwenden."[24] Ganz gewiss! Und darum ist es auch für Frau Meier interessant zu wissen, was damals zu Jesajas Zeit geschehen ist. Der Text selbst lässt ja genug Situationen durchscheinen, z. B. den syrisch-ephraimitischen Krieg.

Aber welches ist denn nun der „historisch zugängliche originale Sinn des Textes"? Und welcher Text?

Der uns gegebene Endtext, wie Gese fordert? Gewiss. Den haben wir, die hypothetisch postulierten Vorformen nicht. Doch der Ansatz beim Endtext bleibt keineswegs unwidersprochen.

---

[22]    H. Gese, Hermeneutische Grundsätze der Exegese biblischer Texte, in: Alttestamentliche Studien, Tübingen 1991, S. 249–265.

[23]    Ebd. S. 249.

[24]    Ebd. S. 250.

Ein weiterer Grund, weshalb die Geschichte nicht als Brücke dienen kann und den wir noch nicht berücksichtigt haben, ist der unterschiedliche heilsgeschichtliche Standort, den wir heute im Unterschied zur alttestamentlichen Zeit haben. Wir leben heute nicht mehr „vor", sondern „nach" Christus. Wenn er sich als Erfüller des Alten Testaments legitimiert, können wir es nach Kreuz und Auferstehung nicht mehr an diesen Ereignissen vorbeilesen. Ein rein historisches Verstehen des Alten Testaments, unabhängig von seiner Erfüllung in Christus, ist dann gerade anachronistisch und darum unsachgemäß! Ist nicht ein christologisches Lesen und Verstehen des Alten Testaments gerade das originale und intendierte? Man wende nicht ein, dass so der Text von einem dogmatischen Vorurteil her gelesen werde, denn das Kommen Jesu, sein Kreuzestod und seine Auferstehung ist ein historisches Ereignis. Jedoch ein Ereignis, das die Grenzen des Historischen bei weitem sprengt.

Hier stoßen wir auf ein Geheimnis christlicher Geschichtsauffassung, das der Geschichtsphilosoph Karl Löwith in seinem wichtigen Werk „Weltgeschichte und Heilsgeschehen" so umreißt: „Nach dem Neuen Testament ist das Auftreten Christi keine besondere, obschon außerordentliche Tatsache innerhalb der Kontinuität der Weltgeschichte, sondern das einzigartige Ereignis, das den ganzen Verlauf der Geschichte und den Gang der Natur ein für allemal in Frage stellt, indem es in ihren natürlichen Ablauf, die Verkettung von Sünde und Tod, hineinbricht."[25] Und weiter: „Mit dem Auftreten Jesu Christi beginnt nicht eine neue Epoche der Weltgeschichte, die man ‚christlich' nennen könnte, sondern der Anfang eines Endes der Geschichte. Die Zeit nach Christus ist nur noch insofern christlich, als sie Endzeit ist. ... Der ‚Sinn' der Geschichte dieser Welt erfüllt sich gegen sie, indem das Heilsgeschehen die hoffnungslose Weltgeschichte nicht fortsetzt, sondern abbaut."[26]

Wir behaupten also: Der historische Zugang zum Text ist keineswegs der einzig mögliche und auch nicht der allein sachlich angemessene.

In der gegenwärtigen Hermeneutik-Debatte spielt die geschichtsbezogene Deutung übrigens nur noch eine Rolle neben vielen. Man vergleiche dazu Manfred Oemings Biblische Hermeneutik.[27] Sein „hermeneutisches Viereck" stellt die vier bekanntesten Akzentsetzungen nebeneinander: die Schwerpunktsetzung

---

25   Karl Löwith, Weltgeschichte und Heilsgeschehen, Stuttgart 1973 (6. Aufl.), S. 176.
26   Ebd., S. 180.
27   Manfred Oeming, Biblische Hermeneutik, Darmstadt 1998.

a) auf die Autoren (historisch-kritische Exegese, Sozialgeschichte, historische Psychologie, Neue Archäologie),
b) auf die Texte (Linguistik, New Criticism, kanonische Schriftauslegung, Exegese als Wortereignis),
c) auf die Empfänger/Rezipienten (Wirkungsgeschichte, tiefenpsychologische Auslegung, symbolorientierte Exegese) und
d) auf die Sache (dogmatische, fundamentalistische Auslegung, existentiale Interpretation).

Ist nun die Geschichte die Brücke?
1. Nein, weil es „die Geschichte" im Sinne der Totalität (Nr. 2) für uns nicht gibt! Diese „Geschichte" ist eine Konstruktion unseres Geistes. Und die Wirklichkeit, auf die das Abstraktum verweist – die Totalität alles Geschehens auf der Erde samt dem Bericht davon und ihrer Deutung – wohnt nicht bei den Menschen. Nur Gott kennt „die Geschichte" im totalen, hegelschen Sinne. Löwith hat nachdrücklich darauf hingewiesen, dass unsere Hypostasierung der Geschichte eine Folge der Säkularisierung jüdisch-christlichen Denkens ist: „Dass wir aber überhaupt die Geschichte im ganzen auf Sinn und Unsinn hin befragen, ist selbst schon geschichtlich bedingt: jüdisches und christliches Denken haben diese maßlose Frage ins Leben gerufen. Nach dem letzten Sinn der Geschichte ernstlich zu fragen, überschreitet alles Wissenkönnen und verschlägt uns den Atem; es versetzt uns in ein Vakuum, das nur Hoffnung und Glaube auszufüllen vermögen."[28]
Diese Schöpfung – und damit ist doch wohl die Menschenwelt eingeschlossen – liegt in „Geburtswehen", ist von „gespannter Erwartung" gekennzeichnet (Röm 8). Sie ist ein Übergangsgebilde. Diese Menschheitsgeschichte ist unendlich rätselhaft, von Leiden gekennzeichnet.

2. Nein, weil der uns in der Bibel bezeugte Wirklichkeitshorizont den Raum der Geschichte weit überschreitet: Er schließt die Wirklichkeit der Schöpfung ein, welche die Möglichkeit der Bedingung menschlicher Geschichte erst ist. Er schließt die verborgene Tiefendimension der Geschichte ein, die Wirklichkeit göttlicher Mächte und satanischer Auflehnung. Ich fasse also die apokalyptische Weltsicht als eine Realitätsbeschreibung auf. Die Prophetie eröffnet uns Ausblicke auf „einen neuen Himmel und eine neue Erde" (Jes 65; Offb 21). Geschieht dort nichts? Gibt es dort kein verantwortliches Handeln? Unsere „Geschichte" (im Sinne von Nr. 1) ist ein Schlüssel, der nicht in diese Schlösser passt.

---

[28]  Karl Löwith, Weltgeschichte und Heilsgeschehen, S. 14.

3. Nein, weil wir das Geschehen, die Geschichte, nicht instrumentalisieren dürfen, sondern ihr begegnen sollen. Wir erleben Geschichte, sind aktiv und passiv mithineingezogen – auch in unserer Geschichtsbetrachtung! Wir begegnen ihr. Zu oft ist die Geschichte vor alle möglichen Karren gespannt worden.

4. Die Geschichte ist keine Brücke, sondern ein Raum, in dem Gottes Offenbarung durch Taten und Worte geschieht. Gott offenbart sich in und durch die Geschichte. Der Schlüssel liegt wennschon, dann in der Offenbarung. Diese erfordert aber eine göttliche Erklärung, eine Deutung des Geschehenen.

5. Ist das Wort Gottes geschichtlich bedingt?
Ja, in dem Sinne, dass es auf geschichtlich vermitteltem Wege entstanden und zu uns gekommen ist. Ja, in dem Sinne, dass wir deutlich den Abstand der Zeit, Kultur und Sprache in ihm wahrnehmen. Diese Fremdheit kann uns davor bewahren, die Einmaligkeit zu übersehen und uns in flacher, vorschneller Weise mit den Bibeltexten gleichzeitig zu fühlen.

Nein, in dem Sinne, dass die Ereignisse und ihre Deutung nicht aus ihnen selbst heraus zu erheben sind. Alttestamentliche Geschichtsschreibung ist völlig theonom, prophetisch deutend. Das Wort Gottes ist nach ihrem Eigenzeugnis ein lebendiges Wort, geisterfüllt und kraftvoll, weil Gott selbst in ihm und durch es sprach und spricht.

Manche biblischen Geschichten von Simson, oder Königin Esther mögen einem Profanhistoriker vorkommen wie Geschichten aus Tausendundeiner Nacht. Andere Berichte wie der Überfall Gottes auf Mose in der Herberge (Ex 4,24–26) oder der Anhang zum Richterbuch (Ri 17–21) mögen ihm vorkommen wie ein Dornbusch in der Wüste: trocken, spitz und unansehnlich. Und doch erklingt auch aus ihnen der Anruf Gottes an Mose: „Tritt nicht herzu! Ziehe deine Schuhe aus, denn der Boden, auf dem du stehst, ist heiliges Land!" (Ex 3,5).

6. Weder der Anfang noch der Sinn, noch das Ziel der Geschichte liegen in ihr selbst. Der Geschichtsphilosoph Karl Löwith weist eine optimistische Geschichtsphilosophie deutlich in ihre Grenzen: „Das Problem der Geschichte ist innerhalb ihres eigenen Bereichs nicht zu lösen. Geschichtliche Ereignisse als solche enthalten nicht den mindesten Hinweis auf einen umfassenden, letzten Sinn. ... Eine Lösung ihres Problems aus ihr selbst hat es nie gegeben und wird es nie geben, denn die menschliche Geschichtserfahrung ist die Erfahrung dauernden Scheiterns."[29]

---

[29] Karl Löwith, ebd., S. 175.

7. Das Alte Testament bezeugt uns die innere Einheit und Zuordnung von Wort, Geist und Geschichte. Wer diese dynamische Dreiheit in ihrem Wechselspiel vermeintlich im besten Wollen trennt, nimmt den Berichten die Seele.

8. Nicht in der Geschichte, in den ausgewählten Ereignissen, die uns die Heilige Schrift wie eine große Chronik überliefert, liegt der Schlüssel zum rechten Bibelverständnis, sondern im Kanon, d. h. in der Heiligen Schrift selbst! Dazu gehört auch die kanonische Reihenfolge der biblischen Schriften. Diese Bemerkung wird schnell als trivial übersehen![30]

Man mag über August Vilmar, den kämpferischen Konfessionalisten des vorletzten Jahrhunderts denken wie man will. In seiner Streitschrift „Theologie der Tatsachen wider die Theologie der Rhetorik" schrieb er vor gut 150 Jahren: „Über dasselbe [das Wort Gottes] wird genug und übergenug gesprochen, aber nicht mit demselben. Und doch sollte das die erste Aufgabe eines Exegeten sein und er sollte es sich zur Pflicht machen, dieselbe seinen Zuhörern wiederum zur ersten Aufgabe zu stellen: zuerst die Stücke der heiligen Schrift mit Sammlung und Stille der Seele zu lesen, und wiederum und wiederum und abermals zu lesen, ohne einem menschlichen Worte, auch nicht dem eigenen, ein Dazwischenreden zu verstatten; nach und nach gewinnt das göttliche Wort Leben und Sprache, während es im Anfange todt

---

[30]  Die kanonische Reihenfolge der Bücher, beginnend beim Alten Testament, gibt uns nicht nur den rechten Einstieg in die missionarische Erstverkündigung – wer missionarisch verkündigen will, muß in biblischer Reihenfolge, muss in trinitarischer Reihenfolge [Gott, der Vater, als Schöpfer; Gott, der Sohn, als Erlöser; Gott, der Heilige Geist, als Vollender] mit der Schöpfung und den alttestamentlichen Geschichten beginnen! – sondern sie gibt uns auch den rechten Rahmen zur Christusverkündigung. Wer nur Jesus Christus verkündigt und das Alte Testament vernachlässigt, bewirkt – vielleicht ohne Absicht, dass seine Verkündigung keinen Rahmen hat. Ein Bild ohne Rahmen zerfließt leicht. Eine Christuspredigt ohne Altes Testament droht auf Dauer in Synkretismus abzugleiten oder vom Hörer synkretistisch missverstanden zu werden. Das gilt ja nicht nur für die Zwei-Drittel-Welt, sondern zunehmend für unsere Gesellschaft mit ihrer wachsenden Patchwork-Religiosität. Darauf hat Klaus W. Müller überzeugend hingewiesen: Das Alte Testament als Rahmenbedingung für die Verkündigung des Evangeliums, EM 4/98, S. 127–133. Denn der Hörer kommt ja mit seinen eigenen Denkvoraussetzungen heran; er interpretiert die Christusbotschaft im Rahmen seines eigenen Denkens. Dieser wird aber durch die alttestamentlichen Geschichten – die Wirklichkeit Gottes als Schöpfer und Vater, als heiliger und gnädiger Gott, die Wirklichkeit der Welt, der Sünde, Sinn und Ziel des Lebens in der Ewigkeit, Beispiele des Vertrauens zu Gott (Patriarchen) usw. korrigiert. In ihm ist dann auch die Verkündigung Jesu angemessen: „Vorschnell wird das Evangelium von seinem Kern her gepredigt, anstatt behutsam von außen zu beginnen und beim Kern anzukommen." (S. 128). Ein rechtes Sündenbewusstsein aber entsteht aus einem rechten Gottesbewusstsein. „Durch den alttestamentlichen Rahmen entstehen das biblische Gottesbild und das biblische Menschenbild, die im Neuen Testament aufgegriffen und die Linien verfeinert werden. ... Das Alte Testament ist die soteriologische Rahmenbedingung für das Evangelium." (S. 133).

erschien, und fängt – in sehr unfigürlichem Sinne – an, mit uns, zu uns, in uns hinein zu reden, und zeigt uns, dass es nicht eine Rede sei, aus einzelnen Worten zusammengesetzt, sondern eine göttliche That, dass es das Wort sei, zugleich Licht und Leben, aus welchem helle und immer hellere Stralen auf alles Einzelne fallen."[31]
Dieser Charakterisierung ist nichts hinzuzufügen.

## 6. Alttestamentliche Exegese „vor der Zugbrücke"

Soviel dürfte klar geworden sein: Nicht wir bauen eine Brücke hin zum Text und zum Geschehen; nicht unser historisches Suchen und Forschen öffnet die Tür. Vielmehr geht uns im Bibeltext eine Tür auf, weil der Herr der Schrift verheißen hat: „Wer anklopft, dem wird aufgetan" (Lk 11,9).
Der alttestamentliche Bibeltext ist aus Offenbarung heraus zustande gekommen. Er enthält Offenbarung, bezeugt sie, ja ist Offenbarungsträger. Der Bibeltext ist Atem des Geistes. In ihm und in seinem Inhalt, also dem von ihm bezeugten Geschehen, weht der Heilige Geist. Er will uns die Schrift öffnen und uns zum Geschehen hinführen.
In der Vorrede zum ersten Band seiner lateinischen Werke von 1545 beschreibt Luther, wie ihm im Nachsinnen über Römer 1,17 („in ihm – dem Evangelium – wird die Gerechtigkeit Gottes offenbar") das Evangelium erst aufgegangen sei. In großer Anfechtung – er versteht bisher die Gerechtigkeit als Gottes strafende Gerechtigkeit – fragt, sucht und klopft er: „So raste ich wilden und wirren Gewissens; dennoch klopfte ich beharrlich an eben dieser Stelle bei Paulus an mit glühend heißem Durst, zu erfahren, was St. Paulus wolle."[32] Als Luther entdeckte, dass es sich um die Gerechtigkeit handelt, die Gott dem Menschen schenkt und die im Glauben empfangen wird, „hatte ich das Empfinden, ich sei geradezu von neuem geboren und durch geöffnete Tore in das Paradies selbst eingetreten".[33]

---

[31]  Erlangen 1938, hg. von Hermann Sasse; Nachdruck der 3. Aufl. von 1857. (Zitat S. 31, die damalige Schreibweise wurde beibehalten).

[32]  Übersetzung nach: G. Ebeling, Vorrede, in: ders. u. a. (Hgg.), Martin Luther. Ausgewählte Schriften I, Frankfurt 1983², S. 13–25, hier S. 22–24.

[33]  „Hic me prorsus renatum esse sensi, et apertis portis in ipsam paradisum intrasse." (Weimarer Ausgabe Bd. 54, S. 186, 8f.). Die ganze Vorrede Luthers wird von Slenczka zutreffend nicht primär als biographische Notiz, sondern als kunstvoll aufgebaute Hermeneutik gedeutet: Notger Slenczka, Die Schrift als „einige Norm und Richtschnur", aus: Kandler, Karl-Hermann (Hg.), Die Autorität der Heiligen Schrift für Lehre und Verkündigung der Kirche, Neuendettelsau 2000, S. 53–76.

Aus dem Wort kommt uns die Brücke entgegen. Sie kommt uns „von drüben" entgegen. Uns wird eine Zugbrücke heruntergelassen, über die wir ins Innere der Burg gehen können. Wir stehen vor dem Wort Gottes wie Bettler vor dem Tor einer Burg. Sie klopfen an und sind darauf angewiesen, dass von innen geöffnet wird. „Öffne mir die Augen, dass ich sehe die Wunder an deinem Gesetz" (Ps 119,18). Wir sind darauf angewiesen, dass jemand von innen die Zugbrücke herunterlässt, über die wir eingehen. Der Torhüter, der uns die Brücke herablassen will, ist kein Es, sondern ein Er. Es ist kein Geringerer als der erhöhte Herr selbst, der uns im Ereignis und im Wort begegnen will. Er ruft uns zur Umkehr und zum Glauben an ihn und zum Gehorsam.

*Traugott Hopp*

# Geschichte als Brücke?
## Theologiegeschichtliche und hermeneutische Anmerkungen[1]

## Einführende Anmerkungen

Beginnen wir bei unserer gegenwärtigen Wirklichkeit: Das Alte Testament kommt vielen Zeitgenossen als völlig antiquiert vor. Wer will schon noch etwas mit dem „Kriegsgott Israels" und dessen verstaubten Gesetzen und Moralvorstellungen zu tun haben? Das Alte Testament öffnet sich nicht von selbst.

Auch der christlichen Gemeinde erscheint das Alte Testament eher als ein verschlossenes Buch. Zu oft gelingt es nicht, den Zusammenhang zu begreifen oder den Wert einzelner Abschnitte zu erfassen. Das Alte Testament bleibt oft stumm und rätselhaft. In den Programmen von Jugendkreisen, Predigtthemen bis hin zu offiziellen Predigtreihen führt es ein Randdasein und bleibt der Gemeinde weitgehend verschlossen.

Selbst die akademische Theologie schafft es nicht, eine Brücke zum Alten Testament zu schlagen. Nach 200 Jahren historisch-kritischer Forschung sind die alten Grundfragen noch immer ungeklärt. Ein Konsens ist nicht in Sicht.[2] Gesellschaftlich relevante Beiträge aus dem Bereich der alttestamentlichen Wissenschaft sind zu wenig geliefert worden. Also bleibt auch in der Welt der Wissenschaft das Alte Testament eher eine „Verschluss-Sache", denn ein „offenes Buch".

Es tauchen Fragen auf: Wer hat denn das Alte Testament zur Verschluss-Sache gemacht? Wann ist das geschehen? Brauchen wir wirklich einen „Schlüsseldienst"? Oder gibt es auch heute noch Zugänge zum AT als einem offenen, lesbaren Buch?

„Ist Geschichte die Brücke?" – Auch der zweite Teil unseres Themas gibt Anlass zu einigen Vorüberlegungen. Die postmoderne Gesellschaft hat die Antwort schon längst gegeben. Sie hat sich von dem 200 Jahre lang gepflegtem Dogma „verstehen kann man nur durch Geschichte" längst verabschie-

---

[1]  Kurzfassung eines Vortrags auf der Marburger Tagung am 21.11.1998.
[2]  Für das AT deutlich aufgezeigt in: Brevard S. Childs, Introduction to the Old Testament as Scripture. Philadelphia: Fortress Press, 1979. Dt.: Die Theologie der einen Bibel, Freiburg (Herder) 1994/1996.

det. Heute muss keiner erst Ägyptologie studieren, um über das ägyptische Totenbuch für sich gewinnbringend meditieren zu können. Niemand muss zum Kenner der indianischen Kultur aufsteigen, um mit Freude und innerem Gewinn ihre Gebete, Lieder und Gedanken meditativ, ökologisch oder sonst wie verarbeiten zu können. Geschichte wird hier schon lange nicht mehr als „Schlüssel zum Verstehen" benötigt.

Ist unsere Fragestellung etwa nur noch eine Anpassung an den Zeitgeist? Vielleicht auch. Aber unter Umständen finden wir durch diese Frage wieder zurück zu Gedanken, Verstehensweisen und Zugängen zur Heiligen Schrift, die uns als Christenheit einst vertraut waren, dann aber unter dem Diktat des geschichtlichen Verstehens verloren gingen.

# *1. Kommt der Geschichte eine Brückenfunktion zum Verstehen des Alten Testamentes zu?*

Das eigentliche Problem unserer Frage liegt nicht in einer passenden Definition von Geschichte. (Dieser Aspekt ist zwar nicht unwesentlich, führt aber in eine eigene komplexe Auseinandersetzung nicht nur unter Theologen, sondern auch unter Historikern.)

Die Grundfrage lautet: Ist Geschichte der für uns normative Ort der Gottesoffenbarung?

Für die einen ist es klar: Gottes Offenbarung führt uns direkt in die Geschichte, denn dort haben die Ereignisse stattgefunden. In Raum und Zeit offenbart(e) sich Gott. Vielleicht werden einige noch betonen, dass diese Geschichte eine besondere Geschichte ist; eben eine Geschichte des Heils, Heilsgeschichte.

Findet sich die Offenbarung im geschichtlichen Ereignis, dann muss unsere Hermeneutik dies entsprechend berücksichtigen. Wir müssen also darüber nachdenken, wie wir bestimmte Ereignisse verstehen wollen und können. Eine Alttestamentliche Theologie wird dann darstellen müssen, welche (Be-)Deutung den einzelnen Ereignissen und der Zusammenschau dieser Ereignisse zukommt. D.h. Hermeneutik und Theologie sind „ereignisorientiert" (um einmal das missverständliche „geschichtsbezogen" zu vermeiden).

Andere betonen: Gottes Offenbarung führt uns direkt in das Wort Gottes, die Heilige Schrift. Es ist der Text, der den Charakter der Offenbarung trägt. Dort findet sich die Offenbarung oder doch wenigstens die Aufzeichnung der Offenbarung oder doch nur die Geschichte der Offenbarung aufgezeichnet?! Wie viel Offenbarung hat der Text?

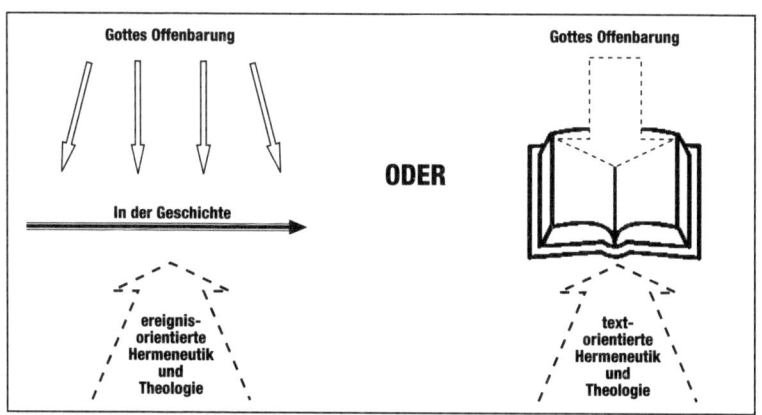

Abb. 1: Gottes Offenbarung – im Ereignis oder im Text?

Findet sich die Offenbarung wirklich im Text, dann muss unsere Hermeneutik dies entsprechend berücksichtigen. Wir müssen also darüber nachdenken, wie wir bestimmte Texte verstehen wollen und können. Eine Alttestamentliche Theologie wird dann zusammenstellen müssen, welche (Be-) Deutung einzelne Texte oder die Zusammenschau der Texte haben. Hermeneutik und Theologie sind dann textorientiert.

Schon ein kurzer theologiegeschichtlicher Streifzug bringt erhellende Einblicke.

## 1.1 Die Zusammenschau von Text und Ereignis (bis ins 18. Jahrhundert hinein)

Eine erstaunliche Beobachtung: Die hermeneutische oder theologische Differenzierung von Text und Ereignis als zwei Möglichkeiten der Gottesoffenbarung wurden so in der Theologie bis ins 18. Jahrhundert hinein nicht gesehen. Selbst in den komplexen Diskussionen der lutherischen Orthodoxie bezüglich der Schriftfrage ist dieser Aspekt – soweit ich sehe – nicht zum Thema geworden.

Die Leser der Bibel sahen den Text an und meinten zugleich, das Ereignis selbst zu sehen (etwa vergleichbar mit dem „Hineingezogenwerden" des Zuschauers in einen spannenden historischen Film). Der Leser hat den Eindruck, mitten im Geschehen selbst zu sein, am Ereignis teilzunehmen. Dies spricht für die gewaltige Kraft der biblischen Narrative. Es gelingt ihnen, eine „eigene Welt" aufzubauen, in der sich der Leser mit seiner Lebenswelt wiederfindet.

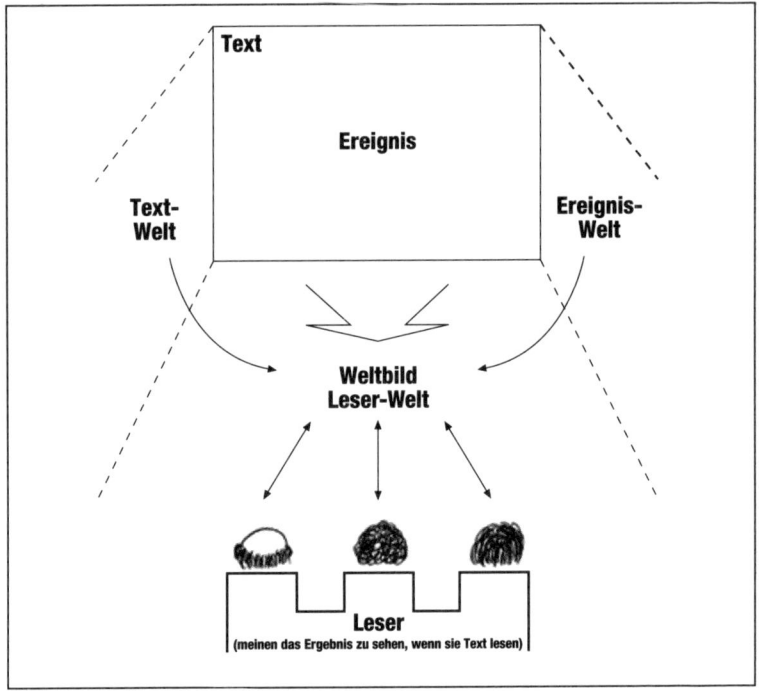

Abb. 2: Die Zusammenschau von Text und Ereignis (bis ins 18. Jh. hinein)

Für viele Jahrhunderte fließen so Ereigniswelt, Textwelt und Leserwelt ineinander, ohne sich im Widerspruch zu sehen. Die historische Distanz spielt dabei keine qualitative Rolle, wird nicht als störend empfunden. Der Bibelleser erlebt sein Leben ähnlich wie Hiob, David oder Petrus. Dies lässt sich in der Kunst sehr leicht ablesen: Historisches Ereignis – Text – Gegenwartskultur des Malers fließen ineinander über und halten so die Botschaft der Bibel aktuell, gegenwartsnah und äußerst relevant. Diese integrierte Sichtweise wird auch daran erkennbar, dass eine Trennung der Theologie in „alttestamentlich" einerseits und „neutestamentlich" andererseits nicht vorgenommen wird.

Wir halten fest: Über Jahrhunderte hinweg ist für die Kirche ein „geschichtliches Verstehen" nicht bekannt, gar nicht nötig. Ein „garstiger Graben" zwischen dem Leser und der Heiligen Schrift oder dem Leser und dem Ereignis selbst bestand nicht bzw. wurde nicht empfunden. Das Alte Testament ist nicht „verschlossen", sondern ein integrierter Bestandteil in Leben und Lehre der Kirche (siehe z. B. Luthers exegetische Vorlesungen, die zu zwei Dritteln alttestamentliche Texte behandeln).

## *1.2  Das Ereignis – eine eigenständige historische Größe (18.–19. Jahrhundert)*

Im Zeichen der Aufklärung verändert sich nun das Verstehen der Bibel. Jetzt wird die menschliche Vernunft zur „richterlichen Instanz", vor der sich Bibel und Bekenntnis zu verantworten haben. Der Maßstab, mit dem gemessen wird, ist die „Geschichtlichkeit". Dem kann sich auch die Theologie nicht entziehen.

### *1.2.1  Die historische Sicherung des Ereignisses*

Fieberhaft wird jetzt geforscht. Es ist die Zeit der großen archäologischen Entdeckungen im Alten Orient. Mit Hilfe der Wissenschaft soll ein objektives, wissenschaftlich gesichertes und vor allem historisch akkurates Bild der „tatsächlichen Geschehnisse" rekonstruiert werden. Der biblische Text wird dabei zu einer eher unzuverlässigen Quelle.

Die Rekonstruktionen der Wissenschaft stehen oft in scharfem Widerspruch zu den Erzählungen der Bibel. Selbstverständlich liegt die Glaubwürdigkeit auf Seiten der Forschung, Wissenschaft und Vernunft. Denn sie erschließen die Geschichte, wie sie wirklich war.

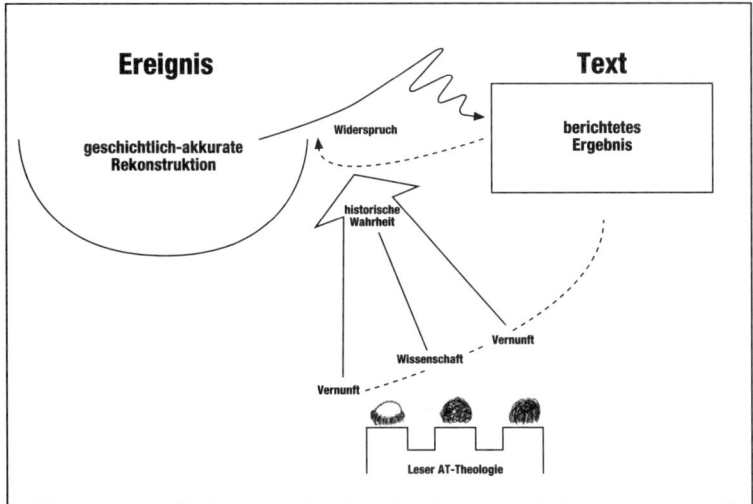

Abb. 3: Das Ereignis – historisch gesichert (18.–19. Jh.)

Die historische Sicherung des Ereignisses führt zu einer tiefen Trennung von historischer Wahrheit (= Rekonstruktion der Ereignisse) und biblischer Darstellung (Bericht im Text). Deutlich bleibt das Ergebnis: Der biblische Text kann auf keinen Fall die historische Wahrheit aussagen.

### 1.2.2 *Die theologische Sicherung des Ereignisses*

Die Trennung von Text und Ereignis war vollzogen. Auch Konservative konnten daran in ihrer Hermeneutik nicht vorbei. Gibt der biblische Text nicht selber zu, dass Offenbarung in der Geschichte stattfindet? Muss dieser Gedanke nicht viel stärker die Theologie bestimmen? Ist Gott nicht der Gott, der Geschichte macht? Handelt Gott nicht in der Geschichte? Muss dann nicht die Geschichte von Gottes Offenbarung zeugen?

Diese Fragen führten im konservativen Lager zur Entwicklung der heilsgeschichtlichen Theologie. In ihr findet die Offenbarung in der Geschichte statt. Noch deutlicher: Offenbarung wird verstanden als Offenbarungsgeschichte. Eine Kette von Ereignissen, die sich durch Gottesoffenbarung auszeichnen, bilden einen Zusammenhang, der uns in der Heiligen Schrift berichtet wird. Diese Heilsgeschichte gilt es nachzuzeichnen und zu entdecken. Dabei wurde versucht, die Tatsächlichkeit des biblischen Berichtes möglichst aufrechtzuerhalten. Zugleich denkt man „geschichtlich" und damit „wissenschaftlich".

Die Vertreter dieser Theologie waren sich durchaus bewusst, einen neuen Weg zu gehen. So sagt z. B. Franz Delitzsch: „Dass die Anbahnung des Heils

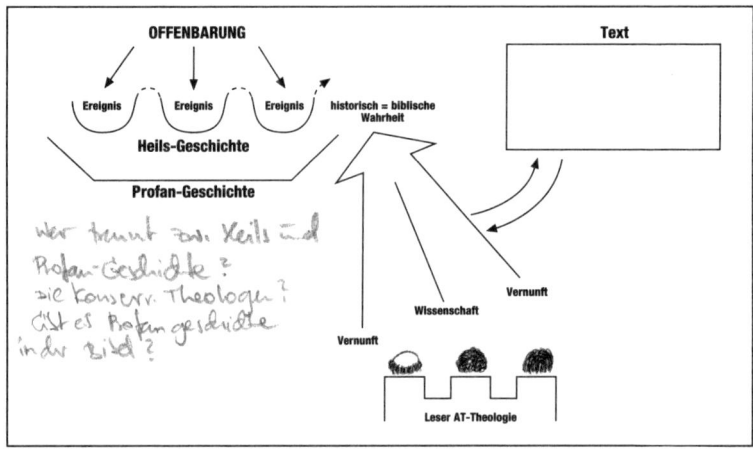

Abb. 4: Das Ereignis – theologisch gesichert

in Christo eine zusammenhängende fortschreitende Geschichte habe, bleibt in der alten Kirche unbekannt bis ins Mittelalter hinein ... und auch noch in der Reformationszeit blieb es undurchschaut."[3]

In der konservativen Theologie hat sich damit das Schriftverständnis (Hermeneutik) grundlegend geändert, ohne dass sich die Stellung zur Heiligen Schrift (Dogmatik) geändert hätte. Darum wurde dieser hermeneutische Umschwung relativ unkritisch vollzogen. Am Ende aber steht: Geschichte ist die Brücke zum Verstehen!

## *1.3 Auf dem Weg vom Ereignis zum Text*

Gerhard von Rad ist es zu verdanken, dass die Rückbesinnung auf den Text und seine Bedeutung neu in den Blick Alttestamentlicher Theologie kam. Er beendet die unselige Konfrontation von geschichtlichem Ereignis einerseits und dem „ungeschichtlichen" Text andererseits. Für ihn ist der Text eben nicht eine unbedeutende, da historisch fragwürdige Quelle religiöser Entwicklung und Irrtümer, sondern er sieht darin ein Dokument des Glaubens; entstanden durch die Glaubenstraditionen Israels.

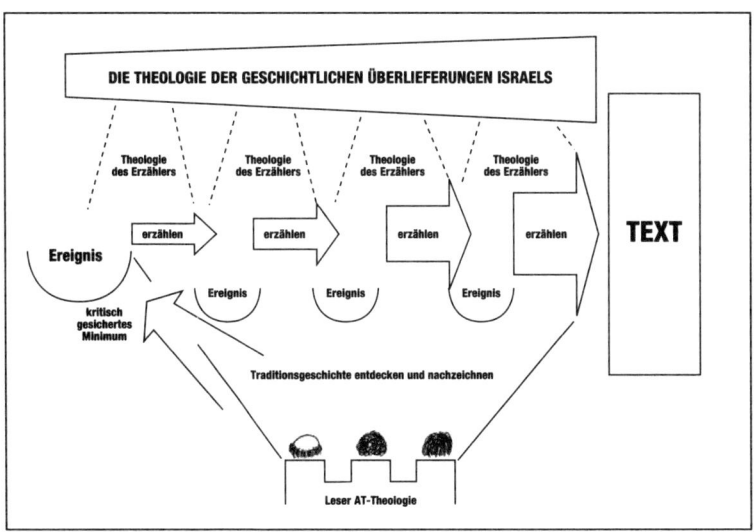

Abb. 5: Traditionsgeschichte (G. v. Rad)

---

3    Franz Delitzsch, Messianische Weissagungen in geschichtlicher Folge. Gießen (Brunnen), 1992. S. 16.

Ausgangspunkt ist auch für von Rad zunächst das historische, wissenschaftlich „kritisch gesicherte Minimum" des jeweiligen Ereignisses. Ausgehend von diesem Ereignis entwickelte sich das Bedürfnis, dieses Erleben weiterzuerzählen, zu tradieren, wobei die Theologie des Erzählers entscheidend zur theologischen Interpretation der Geschichte beiträgt. Es folgen weitere Ereignisse, die mit dem Vorhergehenden in Verbindung gebracht werden. Im Licht der vorangegangenen Ereignisse werden die folgenden gedeutet – und umgekehrt. So entwickelt sich ein Traditionsstrom, aus dem sich nach und nach „die Theologie der geschichtlichen Überlieferungen Israels" entwickelt (Untertitel des 1. Bandes der Alttestamentlichen Theologie von Rads). Die Aufgabe des Alttestamentlers besteht darin, diese Theologie zu entdecken und nachzuzeichnen.

Leider bleibt bei von Rad die Endgestalt des Textes zu wenig berücksichtigt, obwohl gerade diese die normative Theologie Israels widerspiegelt. Schlüssel zum Verstehen des Alten Testaments bleibt – in abgewandelter Form – damit immer noch die (Traditions-)Geschichte.

## *1.4 Der Kanon als Sitz der Theologie*

In den 70er Jahren beginnt erneut ein weiterer „Rückschritt" in Richtung Text, weg von einem streng „geschichtlichen Verstehen". Brevard Childs und Rolf Rendtorff – anerkannte Alttestamentler und Schüler Gerhard von Rads – rücken den Kanon als hermeneutische Größe ins Blickfeld.

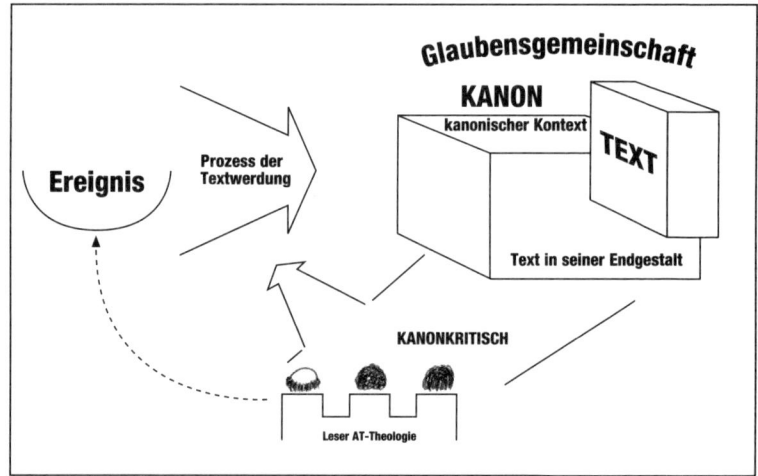

Abb. 6: Brevard Childs u. Rolf Rendtorff: Kanon als Sitz der Theologie

Der „kanonkritische Ansatz" rückt die Endgestalt des Textes, wie sie im Kanon der jüdischen Glaubensgemeinschaft festgeschrieben ist, in den Mittelpunkt des theologischen und hermeneutischen Interesses. Historisch-kritisch gesicherte Geschichte und Traditionsgeschichte bilden nur noch den Hintergrund, nicht aber den Fokus der theologischen Forschungsarbeit.

Die Geschichte als Grundvoraussetzung rechten Verstehens tritt in den Hintergrund. Sie „liefert" lediglich den Kanon. Es geht wieder primär um ein literarisches Verstehen von Text.

## 1.5 *Eine provokante These als Zwischenfazit*

Erst das geschichtliche Denken der Neuzeit reißt den Graben zwischen Leser und Text auf und nennt diesen dann „garstig", um sich anschließend als der Helfer in Not zu präsentieren. Geschichtliches Denken präsentiert sich hier als einzige gangbare Brücke über den Graben. Und die Kosten der „Brückennutzung": Die Aufgabe der textorientierten Verstehensweise, die Absage an eine Unmittelbarkeit des Textverstehens und das Bekenntnis zu einer „Geschichtsgläubigkeit".

Mit anderen Worten: Zuerst verschließt das „geschichtliche Denken" den Zugang zur Heiligen Schrift, um dann ganz selbstbewusst den einzigen Schlüssel zu präsentieren, der die verschlossene Botschaft wieder „entriegeln" kann: Geschichte.

In einem zweiten Teil soll darum eine mögliche (bei weitem nicht die einzige) Alternative angedeutet werden.

# 2. Text und Ereignis:
# Wo findet sich die Offenbarung?

Im Folgenden soll die hermeneutische Bedeutung der Textwerdung, das Verhältnis von Text und Ereignis sowie das Verstehen des Textes bedacht werden.

## 2.1 Vom Ereignis zum Text – der Weg

### 2.1.1 Das Ereignis

„Am Anfang war das Ereignis" – ob von Menschen nicht wahrgenommen (Schöpfung), ob dramatische Aktionen mit Weltbedeutung (Sintflut), biographische Ereignisse im Leben von Einzelpersonen (Patriarchenerzählungen), Geschichte und Geschichten eines Volkes (Israel, Exodus) oder prophetische Verkündigung in Wort und Zeichen an das Volk Israel (Jeremia) – immer handelt es sich um Ereignisse. Diese Ereignisse finden in der Regel statt, bevor der Text geschrieben ist, der über sie berichtet.

Sicherlich ist selbst das Niederschreiben, Tradieren und Überarbeiten eines Textes ein Ereignis. Diesen Prozess der Textwerdung muss auch eine evangelikale Hermeneutik berücksichtigen. Der Text der Bibel ist eben nicht „vom Himmel gefallen".

### 2.1.2 Vom Ereignis zum Autor

Wie das Ereignis seinen Weg ins schriftlich fixierte Wort fand, ist nur selten nachvollziehbar. Fest steht jedoch, dass es über einen Autor geschah. Ob der Autor eine direkte Offenbarung von Gott hatte, mündlichen Traditionen folgen konnte, schriftliche Quellen vor sich hatte oder aber selber Augenzeuge des Ereignisses war, ist zunächst unerheblich. Alle diese Wege vom Ereignis zum Autoren lässt die Heilige Schrift erahnen.

### 2.1.3 Der Autor

Für das Alte Testament gilt, dass wir so gut wie keinen Autor kennen. Die Autoren übernehmen oft die Arbeit eines Herausgebers. Der Text des Alten Testamentes verbietet es nicht, diesen Terminus zu gebrauchen. Die Identität von Hauptperson des Buches und Autor kann in manchen Fällen angenommen werden, ist aber nur schwierig historisch zu belegen, und der Text gibt selten eindeutige Hinweise.

Es scheint so, als ob die Autoren oder Herausgeber ganz bewusst ihre Person zurückgenommen haben, um die Botschaft des Textes in den Vordergrund zu stellen.

### 2.1.4 Vom Autor zum Text

Bei der Textwerdung eines Ereignisses fließt folgende Arbeit des Autoren in den Text ein: Er selektiert, arrangiert, kommentiert (dokumentiert auch manchmal) und strukturiert seinen Text mit dem Ziel, seine Intention deutlich werden zu lassen, die wiederum Ausdruck seiner Theologie ist.

Der Autor verfolgt eine „ein-deutige" Absicht mit seiner Verschriftlichung. Diese Intention kann als *sensus propositus* (festgesetzter Sinn) bezeichnet werden. Durch diese (von uns eingeführte) Begrifflichkeit soll deutlich werden, dass der Text zwar die Möglichkeit der Polysemität (Mehrdeutigkeit) enthält, vom Autor aber nicht polysem intendiert war.

Durch seine Arbeit begibt sich der Autor „in den Text hinein" und bleibt dort „text-immanent" immer vorhanden. Auf der anderen Seite löst der Autor sich von dem Text gerade durch die Textwerdung. Er hat ja jetzt den Text nicht mehr nur „im Kopf", sondern eben „schwarz auf weiß". Er verliert die Kontrolle über den Text. Der Text gewinnt eine gewisse Autonomie, er führt jetzt ein „Eigenleben". Darum muss die Wirkungsgeschichte eines Textes unterschieden werden von der Wirkungsgeschichte der Ereignisse.

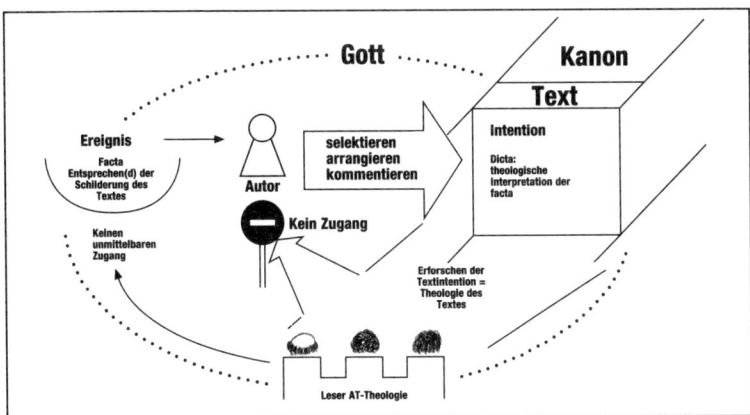

Abb. 7: Der Text als Sitz der Theologie

## 2.1.5 Der Text

Der Text enthält also die Absicht, die Intention des Autors. Der Text berichtet etwas, genannt: „res" (Sache, Ding); zugleich aber macht er über „res" eine Aussage, genannt „dicta" (Plural von „dictum": Aussage, Äußerung). Außerdem gilt: Form und Inhalt des Textes vermitteln eine Perspektive, haben theologische Relevanz und machen die Botschaft aus.

## 2.1.6 Der text-immanente Leser

So wie es den „text-immanenten Autor" gibt, hat jeder Text auch einen „text-immanten Leser". Der „text-immanente Leser" ist von Anfang an „losgelöst" von dem tatsächlichen, konkret vorhandenen Leser. Der „text-immanente Leser" ist vom Autor „geschaffen" und konditioniert. Während der Textwerdungsarbeit hatte der Autor immer diesen text-immanenten Leser vor Augen; für ihn schreibt er, mit ihm kommuniziert er. Dieser im Text vorhandene Leser verfolgt jeden Hinweis, erkennt den Aufbau, geht mit in der Entwicklung der Gedanken und versteht so die Botschaft, den *sensus propositus*, die Intention des Autoren.

## 2.1.7 Das Verhältnis von „text-immanentem Leser" und historischem Erst-Leser

Für die alttestamentlichen Bücher ist eine Rekonstruktion des originalen, ersten Leserkreises enorm schwierig, wenn nicht sogar unmöglich. Aus hermeneutischer Sicht können wir aber feststellen: Für den ersten originalen Adressaten des Textes (wer es auch immer gewesen sein mag) gilt es, sich „in den Text" hineinzudenken, um sich dort mit dem „text-immanenten Leser" zu identifizieren. Er muss den Spuren und Hinweisen folgen, die der Autor „seinem Leser", d. h. dem „text-immanenten Leser", gegeben hat. So wird der Leser in die Lage versetzt, die Intention des Textes zu erfassen, was Ziel des Lesens ist.

## 2.1.8 Der aktuelle Leser

Was hat nun der text-immanente Leser für eine Bedeutung gegenüber jedem weiteren Leser des Textes – z. B. uns heute? Was für den ersten, historischen Leser galt, gilt in gleicher Weise für jeden weiteren Leser des Textes. Um die Intention des Autors zu erfassen, muss er sich mit dem text-immanenten

Leser und seiner Konditioniertheit vertraut machen. Dann wird er, auch wenn er aus einer anderen Zeitepoche und Kultur stammt als der originale Leser, doch den *sensus propositus* erfassen.

Der Prozess des Lesens ist eine Wechselbeziehung zwischen Leser und Text, bei dem es um die Annäherung an den text-immanenten Leser geht und somit die Annäherung an den *sensus propositus* stattfindet.

## 2.2 Das Verhältnis von Text und Ereignis – die Reflexion

### 2.2.1 Allgemeine hermeneutische Reflexion

Nachdem wir uns mit dem Weg vom Ereignis zum Text befasst haben, ist es nun an der Zeit, einmal über das Verhältnis von Text und Ereignis nachzudenken. (Immer noch klammern wir dabei die Frage nach der Inspiration weitgehend aus!)

#### 2.2.1.1 Unterschiedliche Ebene

Der Text *(dicta)* liegt im Unterschied zu dem beschriebenen Ereignis *(res)* auf einer anderen Ebene. Die Untersuchung eines Textes verlangt nach anderen Methoden als die Erforschung eines Ereignisses. Zu unterscheiden ist also zwischen dem Ereignis (das der Text beschreibt, über das er schreibt) und dem Text selbst.

Der erkenntnistheoretische Unterschied zwischen Sache und Aussage über die Sache muss nicht weiter ausgeführt werden. Er ist beinahe selbstverständlich, von jedermann erkannt und anerkannt. Das Problem liegt im Durchhalten dieser Erkenntnis, bzw. in ihrer Anwendung auf die Interpretation von biblischen Texten. Vor allem Texte, die sehr stark narrativen Charakter haben, verleiten zur Aufgabe dieses erkenntnistheoretischen Unterschieds bei der Interpretation. Die Folge ist „a complete collapse of the genre-category of ‚text'."[4] (Die Konsequenz ist „ein vollständiger Zusammenbruch der Genre-Kategorie ‚Text'").

---

4     John Sailhamer, „Exegesis of the Old Testament as Text", in: A Tribute to Gleason Archer. Hrsg. v. Walter C. Kaiser. Chicago (Moody), 1986, S. 279–296. Hier S. 289.

### 2.2.1.2 *(Vor)interpretierte Realität*

Einer der Unterschiede zwischen Text und Ereignis besteht darin, dass ein Ereignis an sich „ungedeutet" ist. Erst durch das Denken und Deuten der Handelnden, Augenzeugen oder anderer „Vermittler" wird das Ereignis mit Sinn belegt, bzw. der Sinn freigelegt. Jede Darstellung des Ereignisses in einem Text ist bereits Deutung. Der Autor vermittelt in seinem Text eine bestimmte Interpretation des Ereignisses. Er vermittelt also nicht nur Realität, sondern bereits ein bestimmtes Bild der Realität. Die Autoren der Bibel liefern nicht in erster Linie eine Aneinanderreihung von Fakten und Daten, die der Leser dann zu interpretieren oder zu theologisieren hätte, sondern sie geben ein bestimmtes, theologisch reflektiertes Bild der Realität vor. Ohne die Übernahme dieser Vorgabe steht eine Interpretation (und Applikation) des Textes in Gefahr, am *sensus propositus* vorbeizulaufen.

### 2.2.1.3 *Wahrheitskontinuum*

Von entscheidender Bedeutung für unser Schriftverständnis ist die Frage nach der „Wahrhaftigkeit" des im Text berichteten, interpretierten Ereignisses. Die biblischen Autoren lassen keinen Zweifel daran, dass der Sachverhalt so, wie er im Text dargestellt wird, tatsächlich auch geschehen ist. Es besteht ein Wahrheitskontinuum von der Tatsache des Ereignisses über dessen Textwerdung bis hin zur kanonischen Textform und sogar einer möglichen innerbiblischen Exegese.[5]

Die Unterscheidung von Text und Ereignis darf nicht dazu führen, dass Text und Tatsache geschieden werden und dadurch ein Unterschied im Wahrheitsgehalt besteht zwischen dem „tatsächlichen, historischen Ereignis" und dem „textlichen Ereignis", d. h. dem Bericht vom tatsächlichen Ereignis in einem Text.

Genau diese Trennung nimmt die historisch-kritische Forschung vor, da sie a priori den historisch-wissenschaftlichen Ergebnissen einen höheren Wahrheitsgehalt zumisst als dem biblischen Text.

---

### 2.2.1.4 *Sitz im Leben – Sitz im Text*

Jedes Ereignis findet in einem historischen, sozialen, kulturellen und psychologischen Kontext statt und hat damit einen „Sitz im Leben". Durch die schriftliche Fixierung bekommen die Ereignisse nun aber einen „Sitz im Text". Zu häufig wird in der Exegese nach dem Sitz im Leben geforscht (klare Ereignisorientierung), während der literarische Kontext („Sitz im Text") weniger Aufmerksamkeit bekommt. Die Frage, wie und mit welcher Absicht der Autor das Ereignis so und nicht anders in seinen Textzusammenhang eingebaut hat, wird kaum gestellt. Genau diese Frage muss aber gestellt werden, um den *sensus propositus* herauszufinden.

### 2.2.1.5 *Fazit*

Im Blick auf den *sensus propositus* gewinnt der Text gegenüber dem für viele Deutungen offenen Ereignis ein *hermeneutisches Primat*. Nur durch den Text wird der *sensus propositus* des Autors deutlich. Wenn die hermeneutische Grundaufgabe lautet, den *sensus propositus* des Textes zu finden, die ursprüngliche Absicht des Textes zu gewinnen, dann muss dem Text ein hermeneutisches Primat vor dem Ereignis zukommen.

Das *historische Primat* des Ereignisses (am Anfang war ein Ereignis) sowie das *sachliche Primat* (ohne Exodus kein schriftliches Zeugnis vom Kreuz) gegenüber dem Text wird dabei nicht angetastet.

## 2.2.2 *Theologische Reflexion:*
## *Das Wirken Gottes in der Textwerdung*

Nachdem wir bisher die Wirksamkeit Gottes in dem Prozess der Textwerdung ausgeklammert haben, wenden wir uns nun dieser so wichtigen Frage zu. Was und wie wirkt Gott in den einzelnen Schritten auf dem Weg vom Ereignis bis hin zum fertigen Text?

### 2.2.2.1 *Das Wirken Gottes im Ereignis*

Es gilt ohne Zweifel, dass Gott im Ereignis durch Wort und Tat gehandelt hat. Gott handelt in der Geschichte und durch die Geschichte und Gott macht Geschichte.

### 2.2.2.2 *Das Wirken Gottes in der Textwerdung*

Gott wirkte in dem Prozess der Textwerdung, der Teil der Geschichte ist. Er hat den Autor in sein Offenbarungs- und Inspirationshandeln hineingenommen. Die Autoren haben nicht autonom, gottlos geschrieben, sondern sie verstanden sich offensichtlich als Teil der Glaubensgemeinschaft, aus der heraus sie schrieben.

### 2.2.2.3 *Das Wirken Gottes in dem Text*

Nach 2. Timotheus 3,16 ist alle Schrift *(graphae)* von Gott inspiriert *(theopneustos)*. Von 2. Timotheus 3 ausgehend wäre es gut, von einer „Scriptura-Inspiration" zu sprechen. Damit wäre die Aufmerksamkeit wieder auf das „Was" der Inspiration gelenkt, weg von der leidigen Frage nach dem „Wie". Der biblische Text schenkt dem „Wie" der Inspiration nur wenig Beachtung. Der Schwerpunkt liegt auf dem Urheber der Inspiration: auf Gott, bzw. auf dem Heiligen Geist und dem Inhalt der Inspiration: der ganzen Schrift.

Gottes Wirken in einem Ereignis der Geschichte ist nicht zu verwechseln mit der Offenbarung seines Wesens, Willens und Wirkens in der Heiligen Schrift. Das Textverständnis entscheidet sich an der Frage, ob der Text Hinweis (Bericht über) oder Ort der Offenbarung Gottes ist. Die Beantwortung dieser Frage entscheidet fundamental über die Wahl der Methode. Es erfordert offensichtlich unterschiedliche Methoden, die Bedeutung und den Sinn eines geoffenbarten Ereignisses in der Geschichte festzustellen oder Sinn und Bedeutung eines geoffenbarten Wortes zu erarbeiten. Der biblische Befund scheint uns auf den Text als den für uns verbindlichen Ort der Offenbarung Gottes hinzuweisen.

Für die lutherische Orthodoxie hat sich als Konsequenz aus der Inspirationslehre die Lehre von den *affectiones* (Wirkeigenschaften) der Heiligen Schrift ergeben. Neben der *auctoritas* (Autorität) wurden die *efficacia* (Kraft), *claritas* (Klarheit) und die *sufficientia* (Vollkommenheit) der Schrift betont. In Bezug auf die heutigen hermeneutischen Auseinandersetzungen sind besonders die letzten beiden Eigenschaften wieder neu zu bedenken.

## 2.3  *Vom Text zur Exegese oder: den Text verstehen*

Nachdem wir den Weg vom Ereignis bis zum Text „abgeschritten" haben, bleibt die Frage: Was nun, Herr Leser? Was ist die Aufgabe des Lesers heute – und was nicht?

## 2.3.1 Abgrenzung: Worauf die Exegese nicht zielt

Wenn es bei der Exegese um die „Erklärung und Auslegung des Textes" (Duden) geht, dann sollten folgende Ziele nicht angesteuert werden:

### 2.3.1.1 Keine Exegese des Ereignisses

Bei aller Bedeutung, die wir historisch und theologisch dem Ereignis – und damit der Geschichte selbst – zugemessen haben, kann das Ziel der Exegese nicht das Ereignis sein. Mehrere Gründe sprechen dagegen:
Wir haben keinen direkten Zugang zum Ereignis. Der Zugang zu den Ereignissen bzw. ihrem historischen Kontext ist nur bedingt möglich über Archäologie, Soziologie, Psychologie und andere Wissenschaften. Es handelt sich dabei jedoch immer um den Versuch einer „Rekonstruktion". Alles Wissen, das auf diesem Weg am Text vorbei gewonnen wird, bietet lediglich einen mittelbaren Zugang zum Ereignis. Der biblische Text will aber nicht verstanden werden als ein Zugang oder ein Zeugnis über das Ereignis neben vielen anderen. Der Text vertritt einen gewissen „Absolutheitsanspruch". Die Begründung dafür liegt nicht nur auf theologischer Ebene (Inspiration), sondern auch auf linguistischer oder texttheoretischer Ebene.

Selbst bei größter Genauigkeit, strenger Wissenschaftlichkeit und lückenloser Verkettung der Fakten einer Rekonstruktion bleibt das Ereignis doch mehrdeutig. Je nach Perspektive des Betrachters kommt eine unterschiedliche Deutung des (rekonstruierten) Ereignisses zustande. Es geht aber für den Leser nicht darum, das Ereignis zu verstehen, sondern die Absicht des Autors zu erkennen – sonst geht er an dem eigentlichen Ziel des Textes vorbei.[6]

---

6  Auch wenn es in der Exegese nicht darum geht, das Ereignis auszulegen, sondern den Text, sind die Rekonstruktionen der biblischen Ereignisse in ihrem Umfeld durchaus nicht „wertlos". Worin könnte ihre Bedeutung für uns heute liegen?
*Der historische Wert:* Die Rekonstruktion von Ereignissen besitzt zunächst einen allgemein historischen Wert. Jeder an Geschichte Interessierte wird sich auch für die Archäologie, Geschichte und Geographie des Heiligen Landes interessieren.
*Der apologetische Wert:* Die Rekonstruktion von Ereignissen aus der biblischen Zeit besitzt aber auch einen apologetischen Wert. So kommen die Archäologen je länger je mehr den Angaben der biblischen Texte näher mit ihren Entdeckungen und Ausgrabungen. Somit kann die Rekonstruktion von Ereignissen, die in der Bibel beschrieben werden, die Glaubwürdigkeit und Zuverlässigkeit der Bibel an vielen Stellen unterstützen.
*Der homiletische Wert:* Schließlich haben die Rekonstruktionsversuche auch einen homiletischen Wert. Vor allem in den westlichen Kulturkreisen hat sich ein starkes Interesse an all den Hintergrundinformationen zur Geschichte und Geographie Israels breit gemacht. In der Predigt werden entsprechende Hinweise meistens mit dankbarer Aufmerksamkeit verfolgt.

Auch das Inspirationsverständnis spricht gegen eine Ereignisorientierung in der Exegese. „Insofar as we say that this text is inspired and thus is the locus of God's revelation, then the meaning or sense of that revelation is of the nature of the meaning of a text. To say that the text is an accurate portrayal of what actually happened is an important part of the evangelical view of Scripture, but it does not alter the fact that God's revelation has come to us through an inspired text, and thus no amount of delving into the history of Israel as an event apart from the text can take the place of the meaning of the text of Scripture."[7] („Wenn wir feststellen, dass der Text inspiriert ist – und damit der Text der Ort von Gottes Offenbarung ist, dann ergibt sich, dass Sinn und Bedeutung von Offenbarung auf das engste mit dem Charakter von Text verbunden sind. Zu einem evangelikalen Schriftverständnis gehört es, daran festzuhalten, dass der Text ein genaues Abbild von dem ist, was tatsächlich geschehen ist. Dies ändert aber nichts daran, dass Gottes Offenbarung durch einen inspirierten Text zu uns kam. Die Bedeutung von Text erschließt sich durch Bearbeitung des Textes. Sich in die Geschichte Israels als Ereignis hineinzuvergraben – losgelöst vom Text – kann die Suche nach der Bedeutung des Textes nicht ersetzen.")

### 2.3.1.2  Keine Exegese der Gedankenwelt des Autors

Ein zweiter Weg, der in der Exegese häufig eingeschlagen wird, ist die „Exegese" der Gedanken des Autors oder doch zumindest die Einbeziehung der Rekonstruktion seiner Gedanken in die Exegese.

Dazu ist erneut festzuhalten, dass wir eben kaum einen der alttestamentlichen Autoren kennen. Außerdem ist uns jegliche Rekonstruktion der Gedanken, auch der Einwirkung des historischen Kontextes auf den Autor, nicht möglich. Es bleibt alles Spekulation oder „romantischer Psychologismus" (Gadamer). Alle Fragen an den Autor können nur im Rahmen des Textes gestellt und dort „text-immanent" beantwortet werden – oder sie müssen offen bleiben.

### 2.3.1.3  Keine Exegese des historischen Lesers

Auch hier stellt sich zunächst das ganz praktische Problem, dass wir für die alttestamentlichen Bücher keinen originalen, ersten Leser oder Adressaten kennen. Die Gefahr, die vom „Hauptdarsteller" des Textes Angeredeten mit den historischen Lesern zu verwechseln, muss vermieden werden.

---

7    Sailhamer, „Exegesis", a. a. O., S. 286.

Weiter gilt aber auch, dass wir keinen Zugang zu den Reaktionen der ersten Leserschaft der Texte haben. Welcher der Leser würde denn den Maßstab für unser Verstehen abgeben? Eine mögliche Rekonstruktion des „gemeinsamen Horizontes" (= gemeinsame Gedankenwelt) von ursprünglichem Leser und ursprünglichem Autor auf historischer Ebene ist überaus schwierig, wenn nicht gar unmöglich.

## 2.3.2 Konzentration: Worauf die Exegese zielt

Der Text selbst bietet auch keinen unmittelbaren Zugang zum Ereignis. Durch den Text erhält der Leser einen „vermittelten" Zugang. In der Exegese geht es darum, die Intention des Autoren herauszuarbeiten, wie er sie im Text (durch Inhalt und Form) festgeschrieben hat.

Der Kanon als Kontext bildet einen Verstehenshorizont, in den sich der christliche Leser hineingeben muss. Dem Selbstverständnis des Kanons entspricht es, über partikulare, zeitliche und kulturelle Bedingtheiten hinaus den Sinn des *Textes* verdeutlichen zu wollen. Der Kanon löst die Texte aus der engen zeitgeschichtlichen Verankerung heraus. Der Leser ist gefordert, allen Hinweisen des Autors auf dieser Ebene zu folgen.[8]

Um die Botschaft des Textes zu gewinnen, gilt es also, die kompositionelle Arbeit des Autors und die kanonische Konstitution des Textes zu erschließen. Wie erkennt der Leser nun aber Kompositionsschema und Kompositionsabsicht? Entscheidend sind die Hinweise, die der Autor selbst im Text gegeben hat. „One must seek to discover the way in which the authors of Scripture have construed words, phrases, clauses, and the like into whole texts." („Als Leser gilt es zu entdecken, in welcher Art und Weise die Verfasser der Heiligen Schrift ihre Worte, Satzteile, Sätze, Abschnitte zu einem Textzusammenhang aufgebaut haben.") – „In so far as we say that the texts of Scripture have authors, we must seek to describe the nature of their composition from that of the smallest segment to that of the whole."[9] („Wenn wir sagen, dass die Texte der Heiligen Schrift von Autoren abgefasst wurden –

---

[8]   Zum Kanon des AT siehe die herausragende, aber leider hierzulande zu wenig beachtete Monographie von Roger Beckwith, The Old Testament Canon of the New Testament Church. London: SPCK. 1985. Ein Jahr später auch bei Eerdmans, Grand Rapids, erschienen. Außerdem sind interessant die Veröffentlichungen von Brevard Childs und Rolf Rendtorff über den „kanonkritischen Ansatz". Aus evangelikaler Sicht: John Sailhamer, Introduction to Old Testament Theology: A Canonical Approach. Grand Rapids: Zondervan, 1995.

[9]   Sailhamer. „Exegesis", a. a. O., S. 280 und 293.

dann ist es nur folgerichtig, wenn wir die Art und Weise, die Machart ihrer Textkomposition zu erfassen suchen; und zwar vom kleinsten Segment bis zum fertigen Text.") Durch die Entwicklung der Textlinguistik ist dem Exegeten ein zwar noch junges, aber sehr hilfreiches Instrumentarium erwachsen, um Textformation und -struktur zu analysieren.

Welche Bedeutung haben dann aber die historischen Referenzen und Hintergrundinformationen des Textes? Wenn der Autor des Textes seinem Leser historische Informationen liefert, kann das folgende Gründe haben: a) Innertextualität (Verweisen auf andere Abschnitte im bereits geschriebenen Text); b) Intertextualität (Verweisen auf andere Texte, d. h. andere biblische Bücher); c) Szenenübersicht; d) nötiges Hintergrundwissen zum Verstehen des Textes.

Nun gibt es aber auch Texte, in denen uns keine Informationen über den historischen Kontext gegeben werden. Wie hat der Leser damit umzugehen? Die Antwort ist hermeneutisch gesehen denkbar einfach: Wenn der Autor keine Informationen über den historischen Kontext liefert, sind solche Informationen für das Gewinnen des Textsinnes nicht wesentlich. Im Gegenteil: Sailhamer formuliert die Möglichkeit, dass ein biblisches Buch „has been intentionally generalized as well as contemporized so that it may speak to many succeeding audiences in many different contexts".[10] („…, dass ein biblisches Buch ganz bewusst generalisiert und aktualisiert wurde, damit es zu vielen nachfolgenden Leserschaften in unterschiedlichen Kontexten sprechen kann".) Wenn sich 1. Petrus 1,12 auf die alttestamentlichen Propheten (Autoren) bezieht, hätte diese These ihre biblische Begründung in der eschatologischen Intention des Alten Testamentes.

Neben der biblischen Begründung lässt sich aber auch eine texttheoretische bzw. hermeneutische Begründung für die z. T. sparsame geschichtliche Verankerung der alttestamentlichen Texte geben. In seiner Schilderung des Ereignisses leuchtet der Autor das vom Ereignis gemalte Bühnenbild durch historische Hintergrundinformationen so aus, dass seine Intention klar herausgestellt wird. Unwesentliches bleibt „unbeleuchtet". Durch das zusätzliche Einschalten von Bühnenbeleuchtung, z. B. durch Archäologie, kann das Ereignis zwar besser ausgeleuchtet werden, aber der besondere Effekt, die spezielle Absicht des Autors geht dann verloren.

Ohne Bild gesprochen bedeutet das: Wo der geschichtliche Rekonstruktionismus zur Grundbedingung der Exegese gemacht wird, besteht die Gefahr, vor lauter Geschichtlichkeit die Bedeutung der Geschichte Gottes

---

[10] Ders., „Exegetical Notes: Genesis 1,1–2,4a", in: Trinity Journal, Nr.5, 1984, S. 73-83, hier S. 80.

aus den Augen zu verlieren; den *sensus propositus* des Textes eher zu verdunkeln, denn zu erhellen.

Durch die zum Dogma erhobene Notwendigkeit der historischen Interpretation wurden die alten Wahrheiten der Dogmatik wie z. B. die *claritas* und *sufficientia* der Schrift systematisch untergraben. Als ob in den Jahrhunderten, in denen ein so geartetes geschichtliches Denken fehlte, ein Verstehen der biblischen Botschaft nicht möglich gewesen wäre.

Es entspricht dem Selbstverständnis und Selbstzeugnis der Heiligen Schrift, dass sie durch sich selbst verständlich ist. Die Bibel gibt durch den Text einen Wirklichkeitshorizont vor. Diesen muss sich der Leser aneignen, um recht zu verstehen und um dann seine Lebenswelt von dem Wirklichkeitsverständnis der Heiligen Schrift her einzuordnen und zu interpretieren. Wo sich der Leser aber „in den Text hineinbegibt" und dort die Identifikation mit dem „text-immanenten Leser" vornimmt, wird er auch den Lohn haben, die Intention des Autors besser zu begreifen.

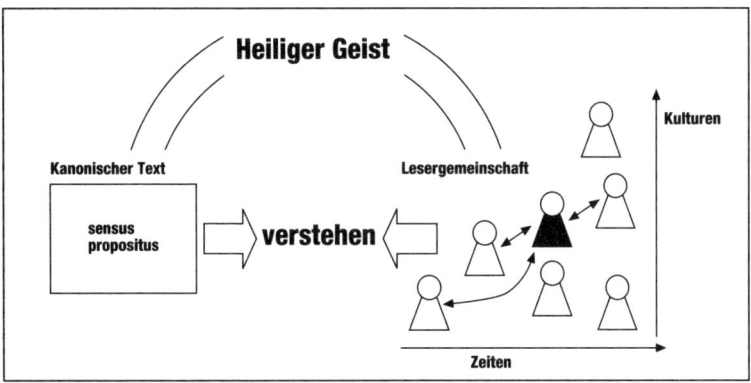

Abb. 8: Wort-Geist-Gemeinschaft

### 2.3.3 Integration: Exegese in der Wort-Geist-Gemeinschaft

Lesen geschieht immer im Rahmen einer größeren Gemeinschaft. Das gilt ganz allgemein für den Zusammenhang von Sprache, Text und Lesen. Der Einzelne wird als Leser Teil einer „Leser-Gemeinschaft". Der Gedanke des Kanons verlangt förmlich nach der „glaubenden Lesergemeinschaft". Damit haben wir drei Aspekte, die eng miteinander verbunden sind: Text (Kanon), Leser-Gemeinschaft und den Heiligen Geist (Glauben wirkend).

Es entsteht ein „trialektisches Verhältnis" zwischen dem geschriebenen Wort (Text), dem Wirken des Heiligen Geistes und dem Leser als Teil einer

**Leser-Gemeinschaft.** Die Konditioniertheit des text-immanenten Lesers (und damit das Verstehen des *sensus propositus*) erschließt sich dem Leser je nach kulturellem Hintergrund verschieden. Hier ergänzen sich die Leser verschiedener Zeiten und Kulturen (Eph 3,18). Dieser Prozess galt schon für die ersten Leser der biblischen Texte. Grundsätzlich gilt: Jeder Leser ist in der Lage, den *sensus propositus* zu erfassen. Zugleich hat kein Leser den Anspruch auf alleinige und vollständige Erkenntnis (1Kor 13,9). In dem Prozess des Lesens geschieht die Annäherung des Lesers an den text-immanenten Leser. Gleichzeitig findet darin die Annäherung an den *sensus propositus* statt. Einen „garstigen Graben" gilt es dabei nicht zu überwinden. Geschichte ist kein wesentlicher oder dynamischer Faktor in dieser Trialektik.

Dieser Verstehensprozess läuft aber nicht nur unter streng wissenschaftlichen Regeln ab. Verstehendes Lesen hat immer auch eine spirituelle Seite. Das Wirken des Heiligen Geistes begleitet diesen Prozess. Der Geist wirkt das Verstehen durch das Wort und durch die Gemeinschaft, in der sich der Leser befindet.

So konstant der *sensus propositus* im Text verankert ist, so unterschiedlich mag die Relevanz einzelner Abschnitte sein. Die Fragen, Nöte, Herausforderungen einer bestimmten Situation (Kultur, gesellschaftliche Lage, persönliche Lebenslage) des Lesers bewirken, dass verschiedene Texte für ihn Antwort, Hilfe, Perspektive werden. Andere Texte kann er auch ergründen; sie werden aber nicht die gleiche Relevanz für ihn entfalten.

Brevard Childs beschreibt die Aufgabe des Geistes in dieser Hinsicht folgendermaßen: „The role of the Holy Spirit in biblical interpretation is not to add a new dimension to the literal sense, but to effect the proper actualization of the biblical text in terms of its subject matter for every succeeding generation of the church. The critical role of the Spirit is to resist all human efforts to undercut the force of the Gospel which would subvert the impact of the literal sense of the Word, either by an appeal to a ‚higher' spirituality or to the common sense of secular reasoning. In terms of classic Christian theology, the issue at stake is the proper understanding of the testimonium Spiritus sancti."[11] („Es ist nicht die Aufgabe des Heiligen Geistes, in der biblischen Interpretation neue Bedeutungsdimensionen zum Literalsinn hinzuzufügen, sondern eine angemessene Aktualisierung des biblischen Textes und seiner Sachaussagen für die jeweils nachfolgende Generation in der Gemeinde zu bewirken. Die kritische Aufgabe des Heiligen Geistes ist es, allen

---

[11]   Brevard Childs, „The Sensus literalis of Scripture: An Ancient and Modern Problem", in: Beiträge zur alttestamentlichen Theologie. Hg. von Herbert Donner. Göttingen: Vandenhoeck & Ruprecht, 1977. S. 80–93.

menschlichen Versuchen zu widerstehen, die Kraft des Evangeliums zu verkürzen und dabei die Wirkung des Literalsinnes zu untergraben, sei es durch eine scheinbar autoritative ‚Vergeistlichung' oder durch die unkritische Anwendung der pragmatisch-säkularisierten Vernunft.") 

### 2.3.4 Fazit

Wirkliches Verstehen des biblischen Textes ist nicht in erster Linie eine Frage der hermeneutischen Technik, sondern des Wirkens Gottes durch den Heiligen Geist. Die „Trialektik" der Wort-Geist-Gemeinschaft, innerhalb derer sich der Leser als Glaubender befindet, bedarf sicherlich noch weiterer theologischer und dogmatischer Reflexion. Ihre letzte Wirksamkeit aber bleibt dem wissenschaftlichen Zugriff entzogen und bildet ein „geistliches Geheimnis".

Eindeutig aber erscheint mir sowohl aus hermeneutischen wie aus theologiegeschichtlichen und theologischen Gründen, dass Geschichte nicht die Brücke zum Verstehen des Alten Testaments ist.[12] Das Alte Testament ist keine Verschluss-Sache, sondern lebendiges Wort Gottes. Nicht Geschichte, sondern der Heilige Geist ist der Schlüssel zum Verstehen.

---

[12]  Siehe hierzu auch die sehr „querdenkerischen" und immer noch aktuellen Ideen von James Barr, der schreiben kann: „Tatsächlich hat man uns wiederholt gedrängt zu glauben, ein entscheidend wichtiger Beitrag des Alten Testaments zur Theologie bestehe in der Herausstellung der Geschichte als Medium par excellence für die Offenbarung." James Barr, Alt und Neu in der biblischen Überlieferung. München: Kaiser, 1967, S. 61.

Reihe „Edition Ichthys", Band 1

Hellmuth Frey / Hans-Jürgen Peters

# Geistliche Schriftauslegung

72 Seiten, Paperback
ISBN 3-7655-9092-4

„Wie kann die Heilige Schrift heute in rechter Weise ausgelegt werden?" Die Diskussion über diese Frage wird hier neu mit der These angeregt, dass der angemessene Umgang mit der Heiligen Schrift ein geistlicher ist.

Die Bibel muss geistlich verstanden werden. Dabei wird zurückgegriffen auf einen bahnbrechenden Aufsatz von Hellmuth Frey. Hans-Jürgen Peters nimmt diesen Ansatz auf und entfaltet ihn systematisch.

Die bisherige Diskussion wird damit weiter vorangetrieben.

BRUNNEN VERLAG GIESSEN
www.brunnen-verlag.de

Reihe „Edition Ichthys", Band 2


Thomas Jeromin

## Die Bibel über sich selbst
Das Selbstverständnis der biblischen Schriften
Eine Einführung


118 Seiten, Paperback
ISBN 3-7655-9097-5

„Die Liebe ist nicht allein der Gegenstand der Heiligen Schrift, sondern auch der Eingang zu ihr." (Blaise Pascal)
Wer kennt das nicht: Christen unterhalten sich in Hauskreis, Bibelstunde oder in einer Diskussion über kontroverse Themen. Da kommt unweigerlich die Frage ins Spiel: Wie begründen wir unsere Meinungen? Welche Bedeutung und Autorität hat die Bibel dabei für uns?

Es gibt viele Untersuchungen über das Bibelverständnis berühmter Theologen. Solche Gedanken zur Schriftauslegung sind oft anregend. Aber sie können niemals die Frage ersetzen: Was sagt die Bibel über sich selbst? Wie will sie angemessen verstanden sein?

Dieses Buch geht anhand zahlreicher Bibelstellen diesen Fragen nach. Die wichtigsten Stellen werden eingehend besprochen.

BRUNNEN VERLAG GIESSEN
www.brunnen-verlag.de

Reihe „Edition Ichthys", Band 3

Mathias J. Kürschner

# Martin Luther als Ausleger der Heiligen Schrift

64 Seiten. Paperback
Bestell-Nr. 3-7655-9101-7

Für Martin Luther stand fest: Die Bibel als Wort Gottes hat eine eigene Klarheit, die sich jedem erschließt, der mit aufrichtigem Herzen nach der Wahrheit des Evangeliums sucht.

Sachgemäßes Verstehen der Heiligen Schrift geschieht nach Luther in einem Zirkel: Den Heiligen Geist bekommen wir nur durch das buchstäbliche Wort der Heiligen Schrift. Es kann keine Berufung auf den Heiligen Geist geben ohne Bindung an das Wort Gottes.

Andererseits gilt jedoch auch: Echtes Verständnis der „Sache der Bibel" erschließt sich nur durch den Heiligen Geist. Geist und Wort stehen für Luther in einem unauflöslichen Wechselverhältnis, das nicht einseitig aufzulösen ist.

BRUNNEN VERLAG GIESSEN
www.brunnen-verlag.de